古教《こきょう》心《こころ》を照《て》らす

Yoshitaka Kitao

北尾吉孝

SBIホールディングス代表取締役執行役員社長

経済界

古教心を照らす

はじめに——人間の判断

▼経験知を上げ直観力を磨く

２０１６年10月初旬、羽生善治さんは、第64期王座戦五番勝負を３連勝で王座５連覇を果たされ、通算24期目の王座獲得、７大タイトル獲得数を97期とされました。７大タイトルの同時保持という歴史的偉業を遂げられて20年が経ちますが、羽生さんは当時ある対談記事で次のように言われていたようです。——「本当に考えても分からないことは１時間考えても、２時間考えても分からないことが多く、考えが堂々巡りしている感じですね。それでなかなか決断がつかなかったりします。どちらもよさそうなときは特に決断しにくいですね。」

企業経営でもそうですが、最初から答えが分かっているようなことはありませんし、分かっていると思っていても全く違った結果が生じてくることなどよくあることです。常に連続する環境変化の中でディシジョンメイキングの正否を考えてみると、例えばある時点では、世の変化を先取りした正しい道を選んだと思っていても、結果においては〝too early〟だったということもよくあります。

従って、そもそも迷うという必要すらもなく、「この世はあらゆることが常に不確実だ」との前提認識を持つべきだと思います。物事のほとんど全てが成功するかのように思われる人も結構いますが、そういう人に対し私は何時も、「十のうち一〜二つが思い通りに行ったら御の字です。ひょっとしたら、百のうち一つしか思い通りにならないかもしれない。事が計画通り上手く行くというのは、それぐらいの世界なんですよ」といった具合に、「失敗するのが当たり前」と話しています。

ある人は不確実性と言って想定外の事態に大慌てするのかもしれませんが、元々成功する確率なぞ極めて低く上手く行く方が珍しいわけですから、常に「策に三策あるべし」として A案が駄目ならB案、B案が駄目ならC案というように少なくとも三つ位は用意しておくことが大事だと思います。『書経』の中にも「有備無患《ゆうびむかん》（備え有れば患い無し）」とあるように、私の経営もそういう形で行っています。

また、A案かB案かC案か徹底的に考えに考えた挙句、結局一本に絞り切れないとなったならば「もう天に任せて行こう」とか、「ではＡＢＣと順番に行こう」という位の度胸を持たなければ駄目でしょう。要は未知の事柄に対して決断して行く場合、先ずはＡ案・Ｂ案・Ｃ案といった選択肢を持ちながら第一の手を決することが必要で、決めた後は勝機を失わないようその道を必死になって前進し、世の変化を洞察しながら臨機応変に軌道修正して行くことが肝要です。

豊臣秀吉の軍師として活躍した黒田如水は「分別過ぐれば、大事の合戦は成し難し――考えすぎると決断力が鈍り、結局は勝機を失してしまう」という言葉を残したと言われています。『孫子』に「算《さん》多きは勝ち、算少なきは勝たず。而《しか》るを況《いわ》んや算無きに於《お》いてをや」とあるように、そもそも勝算なくして勝ち目はありませんが、ある程度の勝算があれば、とにかく全身全霊を傾けて前に進み、勝機を失すべきではありません。

「勝負は時の運」であって、その中で臨機応変に方向転換もして行くべきで「状況が変われば、それに応じて変われば良い」のです。『易経』にあるように「窮《きゅう》すれば即ち変ず、変ずれば即ち通ず」です。状況をよく見つつ様々な事柄を試してみて、初めて結論が出るということもあるわけです。ひとたび状況が暗転したらくどくど言い訳するとか、あるいは何が起こるか分からないと言って何もしないのではなく、誤りを認識したその時、直ぐに代替案に移行できる柔軟性こそ大事なのです。

最後にもう一つ、概して判断の多くは理詰めでやったつもりでも理詰めになどなっていないものです。本来様々に考慮せねばならない沢山の事柄が抜け落ちているのがほとんどですから、基本的には「エイヤー」の世界なのです。ただし「経験知」を重ねる中で直観力が向上し、より良いパフォーマンスが出せるようになって行くケースが多々あるのも事実です。羽生さんの言葉を借りて言うならば、これは経験によって羅針盤の精度が段々上がって行くイメージです。そもそも人間の判断など何時も正しいとは限らぬものです。かなり成功確度が高いスピーディーな判断を下すには、経験知を上げることで同時に直観力が練磨されてきますから、やはりある程度、歳を重ねた方が良いのではないでしょうか。

以上は、２０１６年10月20日の私のブログ（「北尾吉孝日記」）で「人間の判断」として記したものです。私はこのブログ「北尾吉孝日記」を２００７年4月12日から書き続けています。今年の4月で、ちょうど満10年になったわけです。日記の内容は様々な分野に拡大しています。また、現在では Facebook でも公開しています。

本書は、２０１６年9月から２０１７年8月までのブログから抜粋したもので、再構成はしていますが、基本的に原文通りとしました。
ブログは２００８年９月に上梓した、
第１巻『時局を洞察する』
第２巻『窮すればすなわち変ず』
第３巻『活眼を開く』
第４巻『時務を識る』
第５巻『先哲に学ぶ』
第６巻『時弊を匡正す』
第７巻『人生を維新す』
第８巻『自修自得す』
第９巻『日に新たに』
と、毎年、発行を重ねてまいりました。
今回は、本書のタイトルを『古教心を照らす』としました。
このタイトルは、虎関禅師の言葉「古教照心　心照古教」から採ったものです。
本の読み方としては、「心照古教」の境地に達することが良いとされています。つまり、自分が主体的に考えながら読むわけです。そうかそうかと受動的な読み方（「古教照心」）では、活きた力にはならないのです。

この十年、ブログ本の形で毎年一冊ずつ上梓してきたわけですが、そのブログ本の内容を見ると私の物の見方や考え方が如何に「古教」、とりわけ中国古典から学んだことに大きな影響を受けているかと自分でもびっくりします。そういうことからすると若い時に中国古典を中心とした書を読み、知識を吸収してきたことで、心が照らされてきたのだと思います。

ただ、四十代以降になると同じ中国古典を読んでもより主体的に読めるようにもなり、自分の心が書物の方を照らす（「心照古教」）とまでは行かなくても、「心」と「書物」が一つになって来るような読書になってきたようにも思います。

『孟子』に「尽く書を信ずれば即ち書無きに如かず」とありますが、書物に書いてあることを全部そのまま信じてしまうのではなく、ますます批判的にかつ「自分ならこうだ」という形で主体的に読書をするようになりました。私としては、私の読書が進化してきたと考えています。

私の拙いブログ本の読者の皆様も是非主体的にお読みになり、もし得るところが有れば、活きた学問として（と言えば大袈裟ですが）血肉化し皆様方の実際の日常生活の中でそれが行動に移されるようになれば私としては望外の喜びです。
本書が読者の皆様の日々の修養の一助となれば、幸甚であります。

２０１７年10月吉日

北尾吉孝

古教心を照らす＊目次

第1章　日本の企業及び経営者の問題点は何か

第2章　人生の真理を考える

第3章　人間学を修する

第4章　政治と政治家を考える

第5章　折々に惟うこと

装丁／岡孝治　編集協力／エディット・セブン

第1章　日本の企業及び経営者の問題点は何か

事業の成功

（2017年8月4日）

▼世のため人のため

『BUSINESS INSIDER JAPAN』に先々月17日、「グーグル会長が語った『価値を生み企業を成長させる人材のたった2つの資質』とは」という記事がありました。エリック・シュミット氏曰く、「知識経済においては、根気強さと好奇心の組み合わせが成功を収めるかどうかの最高の指標となる」ということです。

私もかつて、『「しつこさ」と粘り、「かわいさ」と愛嬌』（14年7月11日）や、『努力の重要性～人間の差を生むもの～』（12年7月26日）と題したブログを書いたことがあります。ですから、根気強さは大事なことだと思いますし、好奇心も非常に大事だと思っています。ただし、「成功を収めるかどうかの最高の指標」かどうかと言われれば、少し違うような気がします。

「価値を生み企業を成長させる」ためには、先ず事業の根幹に世のため人のためということを据えねばなりません。世のため人のためになるサービスを提供したり製品を作って、適正利潤を乗せて競争に耐え得る価格で販売していたら、基本的に赤字になることなど無いと思います。

従って、世のため人のためになるものは、今現在はっきり分かっているよりも、これから後そうなるだろうと先見することが、非常に大事になると思います。確かな先見性（先見の明、目利き力）を持ち、近未来を予測して、時間の経過と共に需要が増え売上が伸びて行く事業を選び出すということです。

この辺りの話については当ブログでも、『世の中の一歩先を行ったらあかん』（15年9月7日）、あるいは『商売というもの』（16年8月22日）等で触れたことがありますが、つまりは如何なる方向に世が動いて行くのかを、人より先に捉え、人より先に動く中で勝機を掴むということに繋がるのです。

そうして方向性を見出して動き出したら、時代の先を行っているわけですから、時代が追い付いてくるのを待たねばなりません。それに耐え軌道に乗せて事業を続けて行こうとする時に、冒頭挙げた粘りや根気強さといった類が大事になってくるでしょう。成功を収めるためには、若干のタイムラグを持って大きな波が押し寄せてくるとの確信を抱きながら、世のため人のためチャレンジし続けて行くということでしょう。

勝者と敗者を分かつもの

（2017年8月9日）

▼勝つ条件とは何か

「最強2位が考える1位との差――大学スポーツの将が語る」（『日本経済新聞』電子版）という記事の中で、東海大学ラグビー部の木村季由《ひでゆき》監督は「帝京大に勝てなかった理由」を問われて、「強みを磨いて武器を作り、相手の強みを消すのが鉄則だと考えています。（中略）一つを使えなくしても、違う引き出しでゲームを組み立てていく強さやバランスの良さは一枚も二枚も上でした」と答えられていました。

先ず何事によらず未来永劫1位と2位が変わらないということはあり得ません。これまでの1位が消え去るとか2位が1位になるとか、あるいはどちらも消え去るといった具合に様々な状況が生じますから、私は「1位かくあり」と一概には言えないと思っています。

また、「勝負は時の運」という部分もあるかもしれません。状況をよく見つつ代替案に移行出来る柔軟性が、常に求められます。『易経』にあるように、「窮すれば即ち変ず、変ずれば即ち通ず」です。そういう意味では、上記した「違う引き出しでゲームを組み立てていく強さやバランスの良さ」は、非常に大事になると思います。

また、勝負というものには相性の善し悪しがあります。それは実力差はさほどないものの、何となく何時も負けているようなケースを言うものです。他方、相手との力に大きな開きがある場合、チームの構成員それぞれが持っているパワーに違いがあるケースがほとんどです。

そして、その優秀な個々人が纏まって作り上げて行くチームがチームとして同じベクトルに向かう時、1位を持続出来たりするようになるのだろうと思います。それは例えば、勝ち方についても、誰しもが「ああしたら良い」「こうすべきでは」と議論するわけでなく、監督が判断し、その命令一下直ちに皆それぞれの持ち場でベストを尽くして遣《や》り切るということです。

最後に、個々人のパワーの違いと共に重要な問題は、監督がメンバーを適切な持ち場に配置できているか否かです。『論語』の中にも「其の人を使うに及《およ》びては、之を器《うつわ》にす（上手に能力を引き出して、適材適所で使う）」（子路第十三の二十五）という孔子の言葉があります。チームとして全体を上手く持って行くべく適材適所に努めねば、何事によらず中々勝ち続けることは出来ないでしょう。

志と憤、知と行、敬と恥

（2016年10月7日）

▼人間力をいかに高めるか

今週月曜日、SBIグループは内定者懇親会を執り行いました。本ブログでは以下、私の彼等への訓話の一部を記しておきます。

私も齢65歳になり、「企業人として成功する秘訣って何かなぁ？」とつくづく考えてみますと、「やはり一番大事なのは人間力かなぁ」と思っています。

本日諸君に対するはなむけの言葉として、その人間力をどうやって高めて行くかに関して、私が常日頃から思っていることを話しておきます。

一つ目は「志」と「憤」ということです。この志というのは、夢と理解している人もいるかもしれません。あるいは、ロマンや理想を達成しようとする強い意志というふうに感じている人もいるかもしれません。

このように定義は様々ですが、はっきりしているのは、この志を立てることから貴方達の人生が始まると言っても過言ではないということです。志とは「この二度とない人生、どう生くべきか」といった意味での根本目標となるものです。

人間というのは、志を立ててもその道半ばで崩れて行くことがよくあります。それは一つに、私利私欲が貴方達の志を曇らせるからです。

『三国志』の英雄・諸葛孔明は五丈原で陣没する時、息子の瞻《せん》に宛てた遺言書の中に「澹泊明志《たんぱくめいし》」と認《したた》めました。

これは「私利私欲に溺れることなく淡泊でなければ志を明らかにできない」という意味です。志を立て持続するには、淡泊でなければなりません。

志が高ければ途中で挫折することもありましょう。しかし私は志が高ければ高い程良いと考えます。志高ければそれを達成するため、より自分を厳しく律して行かなければなりません。

その時に憤ということが必要になります。貴方達はこの憤の一字を抱き、「自分も発奮してもっと頑張ろう」「何が何でもやり遂げるんだ」という気持ちを忘れずに、志を成し遂げるべく邁進して貰いたいと思います。

二つ目は「知」と「行」ということです。知（物事を知っているという状況）は、少し勉強すれば誰でも簡単に得られます。ところが、知を得ただけでは単なる知識人になるだけです。

これを少なくとも見識（知識を踏まえ善悪の判断ができるようになった状態）に持って行かなければなりません。

しかし企業人として成功して行くためには、それだけでは不十分です。即ち、それを胆識《たんしき》（勇気ある実行力を伴った見識）にまで高めて行かなければならないのです。

陽明学の祖である王陽明の『伝習録』の中に、「知は行の始めなり。行は知の成るなり」という言葉があります。

知と行とが一体になる「知行合一」（ちぎょうごういつ・ちこうごういつ）でなくして、真理には達し得ないということです。

知と行が相俟って知行合一的に動く中で、その人の人間力を高めて行きます。知で得たものを自分の血となり肉となるようにして行かなければなりません。これは行を通じ初めて出来るものであります。

三つ目は「敬」と「恥」ということです。人間というのは本質的に敬と恥の関係を常に有しているものです。「あぁ、なんて立派な人だ。尊敬に値する人だなぁ」と思う反面、「それに引き換え自分は、まだまだだなぁ。恥ずかしい」という気が当然起こります。

この敬と恥が相俟って、人間あるいは社会を成長させる原動力になるのです。つまりは恥じ入った者が感化されて発奮し頑張ろうと素直に思うことで、大きく言えば人類をあらゆる面でより良きものにさせて行く一つの原動力になるわけです。

従って、貴方達は「誰それはあゝだ斯《こ》うだと他人の批判ばかり」と詰まらん話をするのでなく、むしろ美点凝視を徹底しその「人の美」を追求し、その人の優れた所を真似て自分に取り込んで行こうとしなければなりません。

以上、今申し上げた「志」と「憤」、「知」と「行」、そして「敬」と「恥」ということを、よく頭に入れておいて貫いたいと思います。

好きになる努力とは？

（2016年9月14日）

▼大企業病のリスク

『致知』の2012年10月号に、稲盛和夫さんと白鵬翔さんの対談記事「心を高め、運命を伸ばす」があります。その中に、稲盛さんの次の言葉が載っています。――「ボロ会社で給料が遅配する会社、本当なら好きになれない。でも、好きになる努力をしたんです。そこから私の運命は変わったと思います。」

私の場合、会社が「好きになれない」とか「好きになる努力をした」とかというよりも野村證券時代、「こういう会社にはしたくない」と思うところが幾つもありました。今から42年前に私は、その業界のトップカンパニーである野村證券に入社し、そこで21年間働きました。その中で何を強く感じたかと言えば、野村もやはり大企業病に陥っていたということです。

例えば、ボーナスが出たり本給通知書を貰ったりすると「北尾は幾ら貰った？」と電話を掛けてくる同期がいましたし、あるいは「俺は課長になったけど、あいつは未だ課長代理だ」などと言う同期がいました。そして更には、その同期同士が足を引っ張り合うというようなこともありました。

野村證券は当時、同期３００人の大卒の中で何人が一選抜で課長になれるのか、その内次長になれるのは何人か、生き残りの中で一選抜で部長になれるのは何人かというような競争社会でした。ではそれが純粋な競争かと言えば、上司に少し気に入られたとか、上司と馬が合ったとか、同じ職場で苦労を共にしたとかなど、どの役員の押しがあるかといった程度のもので、必ずしも本当の実績が反映されているとは言えないものでした。

私は課長ぐらいの時、当時の経営幹部の何人かから「次期次期社長は君だ」と告げられました。そのこと自体には、私は恬淡《てんたん》としていました。ただ、そのように言われた御蔭で私は「自分が社長になったらこのグループをどう変えて行こう」とか、「今まで自分が経験した中でこのグループにはどういう問題点があったのか」とか、「本当に皆が働き易い職場環境を作ってやろう」というように常に考えるようになりました。

そして「詰まらぬことで内向きのエネルギーばかりになって、御客様や取引先に対する外向きのエネルギーが減じられるような会社にはしてはいけない。全体として与えられた方向性をどう具現化して行くかという中で、社員それぞれが自分の持てる限りの力で一生懸命努力する集団を作ろう」と強く思っていました。そういう意味では反面教師に対するように、野村證券という会社の中を見ていたわけです。

その後ＳＢＩグループを形成し今日に至るわけですが、創業後17年以上を経て会社らしくなってきている反面、常に大企業病のリスクを背負っている状況です。社内の詰まらぬ出世競争や派閥抗争の類を排し、内向きのエネルギーが外向きのそれよりも大きくなるのを如何に防いで行くかは非常に大事だと強く思い続けています。

冒頭ご紹介の稲盛さんも恐らく、従業員皆が後々喜ぶ会社にして行くにはどうすべきか、という中で実際に経営の任に当たられながら、そういう形で様々変えて行かれたのだろうと思います。

「好きになる努力とは、今日よりは明日、明日よりは明後日と、次から次へと創意工夫を重ねていくこと」だと、稲盛さんは言われています。サラリーマンから出発した創業経営者は、サラリーマン時代にある種の反面教師を得ながらその中で苦労し、修養し、より良い集団や組織を自らが創業した会社で作り上げようと努力して行くということではないでしょうか。

成功経営者の二大共通項

（2016年12月2日）

▼基本の徹底と変化への対応

時代が変わろうとも大事なことは一切ぶれずに、しかし、やることは過去にこだわらず、挑戦していくのが発展の秘訣だ――これは、雑誌『月刊BOSS』（2016年12月号）の中の記事「成功経営者の共通項は基本に忠実でブレないこと」で紹介されている、ミキハウスグループ創業者・木村皓一さんの言葉です。

かつて私は、『基本の徹底と変化への対応～私が「セブンイレブンに学ぶこと」～』（14年3月7日）というブログを書いたことがあります。野村證券時代、担当者と同伴で事業法人部長としてイトーヨーカ堂グループに行くと、「変化への対応と基本の徹底」という1982年以来の経営スローガンが常に掛かっていたのが非常に印象的でした。

この言葉の意味というのは、先ず「基本とは何か」「何を基本にすべきか」といったところから始まって、その基本を決めた後は何時の時代においても、それを徹底的に貫き通すというスタンスだと私は認識しています。

ただし、その時併せて重要視しておかねばならない大事な要素は、変化への対応です。そういう意味では、例えば鈴木敏文さんが「世の中が変化すれば、我々も変えていかなければいけない。変化するからチャンスがある」というふうに言われています。

これがセブンイレブンの進化の秘訣ということで、鈴木さんは「過去の経験や常識に縛られると、思考や感覚にフィルターがかかり、どんな情報に接しても、価値ある情報として感知されません」とも言っておられます。

基本の徹底と変化への対応――これこそが、成功経営者の二大共通項と言えましょう。そしてまた同時に、経営がブレないということと、経営者がブレないということで、経営者がブレないということは、イコール経営者がブレないということは、イコール自分を修養し「恒心《こうしん》（常に定まったぶれない正しい心）」を維持できる人になって行くことが必要だと思います。

「難《かた》いかな、恒《つね》あること」（述而第七の二十五）と孔子も言うように、心の内を恒ある状態にずっと保っておくのは大変難しいことであります。リーダーであれば確固たる判断基準を持って泰然自若《たいぜんじじゃく》として、恒心の維持に努め目先の状況変化に戸惑うことなくブレることなく、冷静沈着に様々に判断・対処して行くことが非常に大切だと思います。

商売の成否

（2016年12月13日）

▼天の時、地の利、人の和、そして勢い

「お客がこなくなったら、きっと自分の店に何かが足りなくなっている。よい品が足りないか、感謝が足りないか、奉仕が足りないか、そのいずれかである」――これは、日本の宗教家であり、参院議員も務められた、常岡一郎さんの言葉です。

上記につき私見を申し上げれば、事業でも何でも全て同じで、基本的に成功するか否かは、孟子が言ういわゆる「成功の三要素」――「天の時」「地の利」「人の和」に加えて、孫子が戦に当たって重要視していた「勢い」如何に拠ると思います。

どれだけ「よい品」であっても、未だその機が熟していない時に売り出しても、世は中々受け入れてはくれないでしょう。これに関しては安岡正篤先生も次のように、「人間は何でも機《き》（物事のおこるきっかけ。しおどき）というものがなくちゃ駄目である。政治には政機、商売には商機、何でも機というものがある。その機をとらえるか、とらえないかで物事は決まる。成功・不成功が決まる」と言っておられる通りです。

〝Timing is everything.〟と言われるようにこのタイミング、天の時も大事なものであって、いつ如何なる局面を選択し、何をどのように売り出すかという洞察を深めなければならないと思います。

常岡さんが言われるまでもなく勿論、「お客がこなくなったら（中略）、感謝が足りないか、奉仕が足りないか」という部分もあるのかもしれません。しかしながら、そうした類よりも、より売れるか否かを左右するのは、先述した機と共に地の利、人の和にあると思います。

よい品も感謝も奉仕（サービス）もどれもが足りているにも拘らず、ロケーション（地の利）が悪いためお客様がそこに入って行かない、ということもあるでしょう。また、人の和とは自分達の仲間の和ということもありますが、一番お客様に接している店員の教育が十分でなかったならば、大将の思いとは裏腹に思うように行かないということもあるかもしれません。

そして最後には、やはりものには全て勢いがあるということで、売れ始めた時に一挙にセールスプロモーションに打って出て、その勢いに一層拍車を掛け販売拡大に繋げて行くといったことも必要だと思います。

商売不振の要因として、常岡さんが言われる三つの不足は勿論大事ですが、簡単に「そのいずれかである」というふうには割り切れない側面があるでしょう。私としては上述の通り、天の時・地の利・人の和を得、勢いを味方に付け一気呵成に遣り上げることが大事だと思います。

未来を予測できるものに未来は訪れる

（２０１７年２月23日）

▼夢を抱き追い掛ける

フェラーリ創設者のエンツォ・フェラーリ氏は、「未来を予測できるものに未来は訪れる」と言われていたようです。この言葉の意味を考えるに、要は「未来を自ら創って行く」ということだと思います。

自ら未来を創り行くためには、「こういうものを創ろう」「こういうものがあったらなぁ」といった感情が必要です。例えば、松下幸之助さんが「二股ソケット（家庭内に電気の供給口が電灯用ソケット一つしかなかった時代に、電灯と電化製品を同時に使用できるようにしたもの）」を考案されたのは、そうした感情を出発点にした「自我作古《じがさっこ》（我より古《いにしえ》を作《な》す）」と言えましょう。

未来を自ら創って行くとは大袈裟な言い方ですが、換言すればこれは「夢を具現化して行く」ということです。鳥が飛んでいるのを見ては「私も空を飛んでみたい」と夢を持ち、魚が泳ぎ回っているのを見ては「私も海に出てみたい」と夢を持つのです。かつて当ブログでも『ビジネスの創造には、まず「夢を抱く」』（16年2月8日）と題して述べておいた通りです。

飛びたいならばグライダーを作って挑戦しようと発想したライト兄弟を例に見ても、その必要性がため考えに考えた末ふっと閃き、それをヒントにしてまた考え抜き、発明発見を繰り返し、その進歩の中で遂には夢を具現化したのです。上記はまさに吉田松陰の至言、「夢なき者に理想なし、理想なき者に計画なし、計画なき者に実行なし、実行なき者に成功なし。故に、夢なき者に成功なし」そのものだと思います。

夢というのはまた、世のため人のためという要素が含まれていなければなりません。従って自ら未来を創造して行く場合、先ずは「自分自身の夢が実現したら、どういう形で世のため人のためになるか」につき、自分で明確にすることが大事です。そして、その夢が結果において世のため人のためになるならば、それは大いに夢を抱き必死になって追い掛けたら良いでしょう。

企業の成長を阻害する三つの要因

（2017年4月25日）

▼知識・実行力・戦略の欠如

『企業家倶楽部』（2017年4月号）に、「企業の成長を阻害する5つの要因／APIコンサルタンツ社長　松本洋」という記事があり、筆者は次の五つ、「認識の欠如」「行動の欠如」「知識の欠如」「仕組みの欠如」「あきらめの支配」を挙げられていました。

かつて私は当ブログで、『「三無」の先に成功なし』（15年3月16日）と述べたことがあります。それは、第一に知識が無いということ、第二に言葉だけで勇気を持った実行力が無いということ、最後に戦略が無いということ、です。冒頭の記事とこの「三無」との対比で言いますと、「知識の欠如」及び「行動の欠如」は共通の要因として挙げられます。

他方で「認識の欠如」「仕組みの欠如」「あきらめの支配」は「三無」には少なくとも言葉としては含まれていないわけですが、先ずは知識を持つ中で自然と認識は醸成されてくるものですから、敢えて「認識の欠如」を取り上げて言う必要はないと私は思います。

知識があるからこそ色々な問題が判断できるのであって、知識が無ければ戦略を策定するところまで行かず、知識を発展させ実行力を伴う見識を持つこと即ち知識を胆識に高めることも出来ず、故に企業が成長することはないでしょう。

知識を持つということは単に専門的なそれだけでなしに、物事の判断をより正確にするための広い範囲の教養を含めた一つの体系（個々別々の認識を一定の原理に従って論理的に組織した知識の全体）を持つことを意味します。

そして、それを見識にまで高め、更には直観力を養って行くということに繋げられます。認識対象が何かにも拠りますが上記を総合すれば、「知識の欠如」と「認識の欠如」は一体化して考えられると思います。

また、残りの非共通要因、「仕組みの欠如」及び「あきらめの支配」に関しては、何をか言わんやの世界でしょう。『孫子』に「彼を知り己を知れば百戦危うからず」とあるように、きちっとした戦略が立てられれば仕組みが欠如することも、あきらめが支配することもなく、初めから負け戦に足を踏み入れるようなことにもならないわけです。

十分な戦略を立てずして物事をやろうとするがため、物事を失敗に導くそうした問題等が生じてくるのでしょうし、結局勝負をすれば負けが濃厚になって行くのです。従って、企業成長の阻害要因を考えるに、基本的には「知識の欠如」「実行力の欠如」「戦略の欠如」という「三無」が最も大事だと私は考えています。

（2017年4月18日）

立派な商人になる？

▼新渡戸博士への反論

新渡戸稲造博士曰く、「商人が商人として立派になろうとするには、人として立派なことをすることを世渡りの方針にしなければいけない」とのことであります。

1900年の刊行当時大反響を呼び、今日でも約30カ国語に訳されている世界的ベストセラー、『武士道』の著者に反論するのは非常に恐れ多いこととは思いますが、これには率直に申し上げて私には異論があります。

一商人が立派か否かと判断する時に、それは人間としてどうなのか以外に有り得ません。職業の別や貴賤富貴《きせんふうき》の別といった類は、人間的な立派さとは関係ありません。

昔で言えばこれは、大人《たいじん》（徳の高いりっぱな人。度量のある人）として思えるかどうかという話であって、世俗的成功とは全くの無関係です。

人の立派さとは、社会的なアチーブメントはともかく、その人が出来る範囲での、社会に良いこと・人に良いことに対する一生懸命な努力・献身的な姿、等で示されるものです。

そもそもが「商人として立派になろうとする」ために、「人として立派なことをする」とは本末を誤った考え方と言えましょう。

人間として立派かどうかが、立派な商人の大前提です。人間として立派な人は当然、商人として立派になるはずなのです。

経営の成否

（2017年5月11日）

▼どこでも成功する経営者

ひと月程前、『プレジデントオンライン』に「自信を取り戻せ！ なぜ『日本型経営』が世界で再評価されているのか」と題された記事がありました。そこでは、「アメリカは父性文化、日本は母性文化」及び「日本で『プロ経営者』が成功しない理由」との見出しを付し、ベネッセホールディングス等を例に挙げて、「日本には父性文化的な手法に対するアレルギーがあるといっていいかもしれません（中略）。残念ながら日本ではうまくいかなかったのだと受け止めています」と述べられていました。

本テーマで私見を申し上げるならば先ず、そもそもグローバルカンパニーを経営するに、日本式経営や西洋式経営あるいは母性文化や父性文化等と分類する必要性は全くなく、何的経営の仕方などというのは無いものと考えます。また「プロ経営者」などといった類はそもそも有り得ないと思いますし、少なくとも私自身はそうした考え方に与するものではありません。

例えば、ジョンソン・エンド・ジョンソンのトップを務められて後、２００９年６月にカルビーの代表取締役会長兼ＣＥＯに就かれた松本晃さんのような御方であれば、どの会社を経営されても成功を収めるのではないかと思います。

それは、松下幸之助さんにしても稲盛和夫さんにしても、言えることでありましょう。事実、稲盛さんは２０１０年１月に破綻したＪＡＬのケースでも全く違うフィールドで変革を重ねられ、見事に会社を再建されたわけです。

経営の妙味とは、その経営者の全てが反映されたところで結果を出すということにあると言えるのかもしれません。自身の倫理的価値観から運、あるいは自分の御縁で得た色々な人脈や、ある商品との巡り合い等々と、あらゆる事柄の帰結ではないでしょうか。

つまり私が何を言いたいかと言うと、その経営者が如何なる人物で、どういう経験を有し、事業をどれだけ成功させてきたか、等々がきちっとしていれば何処に行っても成功するでしょうし、逆に一時的な流行り廃りの中で伸びたような経営者に二匹目のドジョウは何処にもいないということです。

出光佐三に学ぶ出光興産の在り方

（2017年7月27日）

▼時代の流れをどう読むか

『日本経済新聞』の「迫真」では、今週火曜日より3日間に亘り「出光、合併への賭け」と題して、（上）『ダメならみんなクビ』、（中）『「もう僕には…」創業家一転』、（下）『昭シェル「TOBはダメだ」』を連載していました。出光興産株式会社の創業家と経営陣による昭和シェル石油株式会社との合併計画を巡るゴタゴタは、1年以上の時を経て漸く先日最終局面入りしたとも報じられています。

今月に入っては3日に出光経営陣が公募増資を発表し、創業家が翌4日に東京地裁に新株発行を差し止める仮処分を申請しました。その後は「18日、東京地裁は増資を認める判断を出し（中略）創業家は即時抗告したが、翌19日には東京高裁も訴えを棄却。増資は20日に実行され、創業家の持ち株比率は約26％に下がった。合併の阻止に必要な3分の1を下回り、経営陣は合併実現へ大きく前進した」（同「迫真」（上））というわけです。

次なる焦点は一つに、合併を決議するために必要となる臨時株主総会をいつ招集するかとなりますが、上記増資後も大株主である創業家は未だ「経営陣に強く抗議し合併に断固として反対し続ける」ようです。こうした現況下、仮に出光興産創業者の出光佐三さんが今この時代に御存命されておられたら、佐三さんはどう行動されたでしょうか。今の創業家とは全く違うのではないかという気がします。

佐三さんは統制経済真っ盛りの時代、石油業界にあってメジャーと呼ばれる欧米の国際石油資本、及びメジャーと結託しているような日石をはじめとした当時の日本の石油会社、そしてそれらと同調する「官」という一つの既成勢力と、不撓不屈の精神を持って戦い抜かれた人です。

当時、日本の会社がメジャーと示し合せて出光興産に限られた量しか売らないといった状況を受け、佐三さんはメジャーではない所から買うために米国に行きました。しかし、その購入先もメジャーに押さえられて行く中で、遂にはメキシコやソ連（ロシア）、最終的にはイランに供給先を求めて行きました。佐三さんは、日本人として外資に牛耳られない民族系石油会社を維持して行くことが一つ大事なことだと考えられていたのです。そして結局、それにより日本国民により安く良質な石油を提供出来る、といった時代であったわけです。

複雑系の現実において何が正しいかというのは、それぞれの時代背景の中で決まってきます。環境は常に変化しますから、企業の永続は難しいことです。今回の「出光お家騒動」に関して率直に申し上げますと、例外なく出光興産を取り巻く環境も激変して行っているにも拘らず、この創業家は出光佐三の生きている時代に未だ生きていて、全く進化していない人達であるとの印象を持っています。勿論、創業家は創業者の残した絶対に変わらないような尊い企業の遺伝子を残すべく努めねばなりませんが、同時に片一方では残してはいけないものをきちっと峻別《しゅんべつ》して行かなければなりません。

例えば、佐三さんは「石炭から石油の時代が来る」と神戸高等商業学校（現神戸大学）の卒業論文に書かれ、そしてある種の信念を持って自らも石油業に入り込み、その人生の全てを石油に捧げられたわけですが、創業家は今エネルギー源の変遷という観点より時代の流れを如何様に察知されているのでしょうか。あるいは、終戦後「日本の石油国策の確立を目標として猛進」することが良しとされた出光興産の在り方に対し、いま自主独立で経営を行って競争力ある所に敗れ結果として収益力が落ちることになるのが本当に正しい姿と言えるのでしょうか。

先々月9日「石油元売り『民族系』『外資系』対立の終わり」（『日本経済新聞』電子版）

という記事もありましたが、生き残るため出光興産も時代に合わせて変化して行かねばなりません。佐三さんは時代と共に、今何を為すべきかと常に考え動いて行った人ですから、恐らく佐三さんも出光興産トップ・月岡隆さん以下の現下のマネジメントを支持されると思います。

第2章　人生の真理を考える

二つの真理

（2016年9月2日）

▼「全ては天意」と「陰陽のバランス」

森信三先生は「二つの真理」として以下のように言っておられます（『実践人』2016年4月号）。

第一に「わが身にふりかかることは、すべてこれ天意なり」――いいかえれば「絶対必然即神の恩寵なり」と肚をすえること、第二に「この世に両方良いことはない」という陰陽循環の理、この二つの真理によって解決できないことはないといえよう。同時にこれ、宗教と哲学とが一如に溶融した境というべし。

一つ目は、信じるか信じないかという、まさに宗教の世界でしょう。先月15日のブログ『天に守られる人』で述べた通り、私は育ってきた家庭環境の影響もあって、幼い頃から天の存在を自然と信じていました。長じて中国古典に親しむようになってからは、天の存在を確信するようになりました。私自身はそういうふうに思って、全てが天意だとして今日まで来ました。

全てを天意という形で素直に受け止め、ある意味天にその責任全てを押し付けて生きたら、気がずっと楽になり一切の悩みから解放され、余計なストレスを溜めずして常に前向きに行動できます。

物事が自分の希望通りに進んだならば、「天の助けだ。有り難い」と謙虚になって感謝の念を抱き、逆に思うような結果が得られなければ、「失敗ではない。この方がむしろベターなんだ」と考えるようになります。己の行いに心底恥ずべき所無しと信ずる時、如何なる結果になろうともその天意を信じ、終局悪いように行くはずはないと思い切るということです。

他方二つ目は、陰があれば必ず陽があるという、まさに哲学の世界でしょう。これは「万物平衡の理」とも言われるもので、換言すれば「満つれば欠くる世の習い」という考え方です。神は全ての人に対して公平で、良いこと尽くめや悪いこと尽くめで終わることは決してありません。これが「天の摂理」とでも言うべきもので、東洋の基本的な哲学です。一方が出れば、その反作用でバランスして行くこの調和こそが、宇宙における最も霊妙な理かもしれません。

中国古典思想では宇宙に存在するあらゆる物の構造は「陰」と「陽」の二つの要素から成ると考え、陰と陽をバランスさせることで全体（極）がバランスすると考えます（一極二元の法則）。陽は造化《ぞうか》（天地とその間に存在する万物をつくり出し育てている者）のエネルギーの一つであり活動・表現・分化・発展を齎すもの、陰のエネルギーというのは順静・潜蔵・統一・調節の作用をするものです。つまりこの互性が上手く働く中で初めて、ヘーゲル流に正反合の世界で進化・発展し得るわけです。

要は世の全ては最終的に辻褄が合うよう出来ているということです。良きを受け有頂天になるのでなく、悪しきを受け悲嘆に暮れることなく、また良い事柄があると思い生きて行くのです。「禍福は糾《あざな》える縄の如《ごと》し」「人間万事塞翁《さいおう》が馬」というように、何が禍になり何が福になるかは分からぬものです。

従って先に述べた通り森先生は、「この二つの真理によって解決できないことはないといえよう。同時にこれ、宗教と哲学とが一如に溶融した境というべし」との言い方をされていますが、私は一つ目も二つ目もある種似た考え方と言えるものだと思います。

人生の折り返し地点

（２０１６年10月31日）

▼「不惑」からラストスパート

明治生まれの日本が誇るべき偉大な哲学者であり、教育者である森信三先生は「人生は唯一回かぎりの長距離マラソンである。（中略）『死』が決勝点ゆえ、『死』が見えだしたら、そこからイヨイヨひた走りに突っ走らねばならぬ」（『実践人』２０１６年９月号）と言っておられます。

この「『死』が見えだしたら」とは、端的に申し上げれば、自分の経験値も増え、それなりの社会的地位も出来始め、影響力を人に与え得るようなタイミングになったらということでしょう。これは、長い距離を走るマラソンで最初から全力疾走して、途中でくたばったら駄目であるのと同じです。そういう意味では、40歳位が人生の折り返し地点だと私は思います。森先生も「偉人は四十頃からぼつぼつスピードを掛け出すが、凡人は四十歳頃から早くも力が抜け出す」（同）と述べておられます。

かつて私は『２０１１年度入社式訓示』（11年４月４日）の一部で、その年の新入社員に次のように伝えました。

『論語』の中に「十有五にして学に志す。三十にして立つ」とあるわけで、貴方達はもう直ぐ30歳になり、立志の年、即ち志を立てる年になるのです。何時までも志が立たなければ「四十にして惑わず」とは行かず、何時まで経っても惑い、どう生きて良いのか分からないというような人間にしかならないのです。貴方達が20代にどれだけの学問修養を行うのかが、立志の年以降の人生の歩みを大きく左右するのです。

勿論、佐藤一斎の「三学戒」にあるように「少《わか》くして学べば壮にして為すあり。壮にして学べば老いて衰えず。老いて学べば死して朽ちず」ですから、死するその時まで学び続けねばならないのは言うまでもありません。

大事なのは不惑の年、40歳位で来し方を大いに反省し行く末に思いを馳せて、方向性が決まったところでラストスパートを切って行くということです。志が固まらず方向性も見出せぬようでは「これから、どこへ向けて走って行くの？」といったふうになるでしょう。従って、ある程度そういうものが定まって後、本格的に走り出すのです。

偉大な人とは

（2017年8月28日）

▼樗牛の言葉

当ブログではかつて、「偉人は四十頃からぼつぼつスピードを掛け出すが、凡人は四十歳頃から早くも力が抜け出す」（16年10月31日）とか、「偉人と凡人の差も、結局はこの生から死への間をいかなる心がけで過ごすかという、その差に外ならぬ」（15年8月6日）といった、森信三先生の言葉を御紹介しました。

この偉人と凡人ということで、明治時代の評論家・思想家である高山樗牛《ちょぎゅう》（1871年－1902年）は、「偉人と凡人との別は一言にして尽すべきのみ。彼れは人生を簡単にする者也。此れは人生を複雑にする者也」と言われています。そしてそれに続けては、「本能の命ずる所、其処に人生の最も大いなる事実あり。夫の煩瑣《はんさ》を以て精緻と称し、迂遠を以て妥当と為すもの、そもそも人生直下の事実を如何とか見る」と言われています。これは私には分かったような分からないような言葉に感じられます。

この「人生を簡単にする」「人生を複雑にする」とは先ず、誰の人生を指してのものかが不明瞭に思います。また、簡単・複雑という意味は具体的に何を言うものか等、良く分からない部分もあります。高山樗牛は評論家としても一流であったのは事実ですが、上記言葉に関しては私には十分理解出来ません。

私自身、偉人あるいは偉大な人とは、「無から有を生ずる人」「不可能を可能にする人」「今まで非常識だとされていたことを常識に変える人」のどれかに該当する人、として定義しています。また、「偉大とは人々に方向を与えることだ」というニーチェの名言をよく引用したり、「本当に偉大な人とは死して尚、何代にも亘って影響を及ぼせる人」という言い方もしています。

あるいは7年程前、「人間は社会の存在なしに生きていけないのです。人間各人が社会の一員であり、相互依存関係の中で生かされてるわけです。こうしたことを自覚したとき世のため人のためという心が芽生えるのです。自分の小欲に克ち、社会のためにという大欲に生きる人が偉大な人なのです」とツイートしたこともあります。

私は、偉大とはそういうものだと思っています。ですから、偉人には人類社会の進歩発展に多大なる貢献を果たされているような人が多いのです。ノーベル賞を授与された人達は、こういう類でしょう。要は具体的に言えば、我々がより良き生活を送るべく、何かを生み出したり改善した人々が偉大だということです。

（２０１７年１月26日）

貧乏の良いところ？

▼人間の徳性は貧富に左右されない

作家・幸田露伴（１８６７年－１９４７年）は貧窮の四つのよいところとして、①貧乏は人を鍛える、②貧乏であると本当の友達とそうでない者とがわかる、③貧乏は本当のことを悟らせる、④貧乏は人を養う、を挙げているようです。本ブログでは以下これらにつき、私が思うところを簡潔に申し上げたいと思います。

先ず①④に関して述べますと、確かに貧乏は人を「鍛える」ことも「養う」こともあるかもしれません。「艱難汝《かんなんなんじ》を玉《たま》にす」と己に言い聞かせ、中国清代末期に太平天国の乱を平定した曾国藩《そうこくはん》が言う「四耐四不《したいしふ》」を実践して行くのです。「冷に耐え、苦に耐え、煩に耐え、閑に耐え」るという四耐、及び「激せず、躁《さわ》がず、競わず、随《したが》わず」という四不が、人物を育てる上で非常に大事であるに違いありません。

ただし、私は貧だから人は鍛えられるとか養われるとかいったことにはクエッションマークです。貧乏になるが故、吝嗇《りんしょく》なる人もいるでしょうし、悪事を働く人もいるでしょう。生活が苦しくなればなる程に、世を恨み、人を恨み、天を恨み、性格が捻じ曲がって行くような人もいるわけで、逆に貧が人を悪くするという側面もあるでしょう。従って①④につき、貧乏か否かの類は本質ではないと私は思います。

次に②③に関して言うと、これまた「本当のこと」や「本当の友達」は必ずしも貧であったらというものではないでしょう。例えば『史記』に、「一貴一賤《いっきいっせん》、交情乃《すなわ》ち見《あらわ》る」という名文句があります。これは前漢王朝の時代の翟公《てきこう》（前二世紀頃）という人が、自分の地位が上がったり下がったりすると、皆さんの御付き合いの心が良く分かるものだ、と屋敷の門に書き付けた言葉です。

あるいは梁の劉孝標《りゅうこうひょう》が書した『広絶交論』にある「五交《ごこう》」の内、「勢交《せいこう》（勢力者に交を求める）」や「賄交《わいこう》（財力有るものに交を求める）」という交わりの仕方があります。一方では『荘子』にまた、「君子の交わりは淡きこと水の如し」とありますが、決してべったり近付いてくるわけでもないけれども、折に触れ心温まるような言葉を聞かせてくれたりする人もいるでしょう。このように貧乏か否かに拘らず、世に多種多様な交際の求め方をする人は多く、私は②③もそういうものではないと思っています。

故小泉信三博士に「100年に一度の頭脳」とも言われた幸田露伴ですが、私自身かつて彼の作品を色々読んでみて実は余りピンとこなかったのも事実です。上記した貧窮の四つのよいところのように一面何となく分かったように感じられるものの、よくよく考えると「そうかなぁ?」と的外れに思われるといった具合です。

人間の徳性というのは、その人の貧富の状況で左右される類ではありません。『論語』に出てくる孔子の一番弟子である顔回の生き様の如きを見るとそれが良く解ります。無欲で己を磨くことだけに人生を費やし短命で死した彼は、「路地裏に住み、食事も一椀の飯に一杯の水といった簡素なもの」(雍也第六の十一)でありながら、それを自ら楽しんでいたと言うのです。

貧極まる生活の中で顔回は31歳と若くしてその生を終えたわけですが、徳を好み徳を磨く努力をし続けた彼にとっては、仁者としての生き方に幸福を得ていたのかもしれません。そして彼は常に「利を見ては義を思い」(憲問第十四の十三)、利に飛びつかず必ず義に適っているかどうかと自問自答していたのです。

努力に無駄なし

（2016年11月7日）

▼努力に良否はあるか

以前ある雑誌を読んでいた時に、山梨広一さんの御著書『いい努力』（ダイヤモンド社）という本の広告を目にしました。そこには「いい努力」との対比で、次の「悪い努力」が書かれていました。

①「残業＝努力」と思い込んで働く
②できる限り情報を集める
③一人の仕事に没頭する
④持久力に頼って長時間労働を続ける
⑤誰からもよく思われようとする
⑥「やっていい範囲」で取り組む
⑦思考プロセスを隠す
⑧「一人の力」でできる範囲で努力する

こうして努力に良否を判定し何を分析するのか分かりませんが、私は努力というものを二分してみる必要性は無いと思います。

上記①〜⑧が偶々一面的に悪い努力というふうに見えたとしても、それが良い努力に繋がって行くことは往々にしてあります。

また己が良しとする努力を積み上げた結果として、その全てが上手く運ばれたといったことになると、却って人間が横着になって自信過剰になるとか、あるいは傲慢になり驕慢《きょうまん》になるとかといった可能性もあるわけです。

私が思うに、様々な矛盾を内包する複雑霊妙なこの世においては、何が良くて何が悪いかということは基本的に分からない位に思っていた方が良いでしょう。

要するにコンサルティングファームの人に有りがちな分類や抽出、ある種のこじつけの如き類が実社会には全くと言って良い程当てはまらないことが、如何に多いかを認識すべきだということです。

物事の発展の仕方は本当に複雑霊妙で、何がどうなっているのか分からぬものです。悪い努力と思っていたものが結果、物凄く良い方向に展開して行くことだってあるわけです。

歴史的に見ても、ある人が蓄積し続けた無駄な努力・失敗の連続が、後の世に大きな貢献をしていないとも言えないだろうとも思えます。

大事なのは努力が良い悪いと考えるのではなく、日々与えられた事柄を着実にやり抜いて行く中で、自らの生き方をきちっと見つけて行くということです。

やはり何らか自分自身で目標または理想を掲げ、その目標・理想に近づけようと努力する時に、大きなことが成し遂げられたり、真に社会に役立つことが出来るのだと思います。

同書の表紙にも書かれているように「マッキンゼーで25年にわたって膨大な仕事」をされた偉大な著者には恐縮ですが、42年以上金融の世界で生きてきた私の率直な感想です。

何のために人と繋がるのか

（2016年11月2日）

▼多きを以て良しとせず

『日本経済新聞』に先々月20日、「会社員の人脈作り、内向きに　民間調査」という記事がありました。この記事は、住友生命保険による「『ビジネスパーソンと〝ネットワーク〟』アンケート実施結果」に基づくもので、20年前の調査に比して下記等が書かれています。

〈質問1〉あなたが持っているネットワークは次のうちどれですか。
⇓「社外の異業種の人達」の減少（65・1％↓22・1％）が特徴的。
〈質問2〉あなたが最も大切にしているネットワークは何ですか。
⇓「社外の異業種の人達」の減少（38・0％↓11・0％）が特徴的。
〈質問3〉今後、自分の持っているネットワークをどうしたいと考えていますか。
⇓「今のままで十分」の伸びが顕著（26・6％↓61・4％）。

上記の一タイムスパンの結果で以て、それを傾向として捉えられるのか、また今後も趨勢的にそうなって行くか否かは分からないですし、私からするとむしろ何故こうした類の調査に時間を費やすのかがほとんど理解できません。外向きなネットワークが良いと言うのでしょうか。随分とグーグルやツイッターといったソーシャルメディアの御蔭で外の情報を取れるようになったと思いますが。

この情報洪水の時代、あらゆる情報を社の内外を問わずして様々なネットワークから取捨選択的に吸収し、所属する会社の現状認識等に活かして行けば良いでしょう。如何なる人脈であれ自分に有意だと思ったら、積極的にそれを作って行けば良いでしょう。

最も、人間というのは他によって生かされている存在であることに違いなく、竹林の七賢人の如く自分だけ孤立して孤独の中に生きて行くのは間違いだと思います。「人間は社会的動物である」とアリストテレスが言い、「人間は常に孤に非ずして群である」と荀子が述べている通り、要するに人というものは他人や社会の干渉なしには存在し得ない、自分一人では生き得ない動物なのです。ですから、自然と仕事や日々の生活を通じて他の人との付き合いは増えて行くものです。

私は、人脈という言葉自体余り好きではありません。それは、何かガツガツしたようなイメージがしないでもないからです。勿論、人と交わるということ自体は、それはそれで大いに結構だと思います。仏教では「多逢聖因《たほうしょういん》（色々な良い縁を結んで行くと、それが良い結果に繋がる）」ということが言われますが、色々な人に御縁を頂くことがまさに「縁尋《えんじん》機妙《きみょう》（良い縁が更に良い縁を尋ねて発展して行く様は、誠に妙《みょう》なるものがある）」に繋がって行くからです。

大事なのはやはり、何を目的に人との繋がりを持つかという、その動機にあるわけです。単に仕事が上手く行きそうだからと近付いて行くような輩や、あるいは何らか利権を求めて近寄って行く類の人間に成り下がることがないようにすべきです。自分自身を更なる高みへと導くに「是非この人と！」という交わりこそ求めるべきでしょう。

私の場合、だらだらべったりと付き合うのではなく、基本的には「淡交」ということ、即ち『荘子』の言葉である「君子の交わりは淡きこと水の如し」が大事だと思っています。また『論語』の「公冶長《こうやちょう》第五の十七」に「久しくして之れを敬す」という孔子の言がありますが、長く付き合えば付き合う程、なお一層相手を尊敬するような「久敬の友」との交際を深められたらと思います。

知り合いの数などというものは「多きを以って良しとせず」で、真に自分にとって人間としての成長にプラスに働くような付き合いを、どんどんと広げて行くのが良いのではないでしょうか。

S・コヴィーの『7つの習慣』

（2016年12月15日）

▼知情意のバランスを

以前、「北尾先生は『7つの習慣』をどうとらえていらっしゃいますでしょうか」との御質問をTwitter上で頂きました。この『7つの習慣』とは、日本でも20年前に発売された世界的大ベストセラー、スティーブン・R・コヴィー著『7つの習慣――成功には原則があった！』（キングベアー出版）を指していると思われます。本ブログでは以下その前提で、私が思うところを簡潔に申し上げたいと思います。

コヴィー博士は、米国建国以来200年間に書かれた成功に関する著作物を調査され成功に関する共通点を導き出されたようで、その各々が取るに足らぬ習慣だとは決して思えるものではなく、取り分け第一の習慣「主体的である」とは非常に大事なことだと思います。

また第四の習慣「Win‐Winを考える」も、相手の立場を思い遣るという「仁」の思想に通ずる重要な事柄だと思います。そして第六の習慣「シナジーを創り出す：多様性を活かし、創造的に協力することで、革新的な解決策を生み出す」に関しても、あらゆる所での多様性追求の中で様々な創造が齎されると考えており、これまた是非とも必要なことだと私は認識しています。

以上、『7つの習慣』の中で特段の指摘を要さぬ三項目につき述べました。次に、コヴィー博士には恐縮ですが、余りピンとこない残りの四項目につき述べて行きたいと思います。

先ず、第二の習慣「終わりを思い描いてからはじめる：行動する前に、自分自身の価値観に基づいた方向性や目的を見出す」では、ショートタームの思考なのか、はたまたロングタームのそれなのか、を意識する必要があります。即ち、世のため人のためという志、言い換えれば、世のため人のためになるような夢の実現を思い描いているかということです。たった一、二カ月先、あるいは一年先といった程度の「終わり」であれば、私からしてみるとほとんど意味を為しません。

それに続く第三の習慣「最優先事項を優先する」で言いますと、これは当然だと思えるようなことですが、プライオリタイズした後も常に本当に正しかったかどうかと省みることも必要だと思います。言うまでもなく、優先順位は時々刻々変わり得るもので、色々な事象が起こってくる中で変わらざるを得ないものです。今現在の第一位が三年に亘って同じように、一番であり続けるかは別の話です。従って、状況変化の中でプライオリタイズし直す必要もあると考えておかねばなりません。

それから第五の習慣「まず理解に徹し、そして理解される：先ず相手を理解するよう努め、その後で自分を理解してもらうことで、コミュニケーションの質を高める」については、必ずしもそうは行かないものだと思います。相手の理解に徹するということも勿論なければなりませんが、そもそも相手をそう簡単に理解できると認識していること自体、基本的に間違いではないかと思います。

人の考えている事柄がちゃんと理解できるようならば、苦労することもないでしょう。故に「先ず相手を理解するよう努め」ようなどと考えるのではなく、先ず自分を前面に出し自分の主義・主張・立場を明確にするよう努めるのが、在るべき姿だと私は思います。

そうやって明確にした中で、相手の自分に対する反応から、相手に対する理解が進むようにもなるわけです。何ら己を明らかにせずして、他者など分かり得ないでしょう。あるいは自分を明確にしたからこそ、例えば相手から何故サポートを受けられないか等々を掴み得ることも出来ましょう。むしろ、そこから考えて自分を理解して貰うよう努めて、

「コミュニケーションの質を高め」て行くことが大事ではないかと思います。

最後に第七の習慣「刃を研ぐ：肉体・知性・精神・情緒の側面を定期的に磨き、モチベーションと活力を向上する」も、分かったような分からないような話に感じられます。当該テーマの重要ポイントを一言で言うなれば、それは「知情意」をどうバランスさせて行くかということです。そして何時も中庸の世界、あるいは恒の心（常に定まったぶれない正しい心）を持つよう努力することが大事だということです。

知情意全体を統一体としてバランスして行くに当たっては、例えば知に関しても、知を押し通すのではなく知を如何に表現して行くかといったように、知情意それぞれの個々の中でのバランスも重要になってきます。東洋では古来、平常心や恒心といったものを涵養して行くことが重要視されてきたのです。

『論語』に「中庸の徳たるや、其れ至れるかな（中庸は道徳の規範として、最高至上である）」（雍也第六の二十九）とあるように、中庸を保って行くのは至難の業であります。しかし我々は知情意のバランスを達成すべく、死を迎えるまで修行し続けて行くべきなのだと思います。

人生最大最深の二大真理

（２０１７年2月21日）

▼宇宙の法則を知る

『致知』（２０１６年12月号）の冒頭「特集総リード」に、「人生には不変の原理が二つある」として次の二つ、「人生は投じたものしか返ってこない、ということ」及び「人生は何をキャッチするか」ということが書かれていました。

「人生には不変の原理が二つある」として私の二大真理を挙げるとすれば、それは拙著『森信三に学ぶ人間力』（致知出版社）の第三部・第二章「主体的な生き方を導く立腰道」にて述べた通り、「身・心相即」と「万物平衡」という森先生が言われているこれら二つの原理しかないと思います。

先生は「身・心相即の理」と「万物平衡の理」の二つを「人間存在にとっては最大最深の二大真理」と言われ、「我われ人間がこの二度とない人生を全うするには、何よりも先ずこの二大真理を体得するよう全力を集中して学ぶ必要がある」（全集続篇第二巻）と言われています。

「万物平衡の理」とは宇宙を貫く真理のことで、「この世に両方良いことはない」という陰陽循環の理、換言すれば「満つれば欠くる世の習い」という考え方のことです。神は全てに対し公平で、長い目で見たら良いこと尽くめや悪いこと尽くめで終わることは決してなく、その意味で万物は平衡が保たれるよう出来ているということです。これが「天の摂理」とでも言うべきもので、東洋の基本的な思想です。一方が出れば、その反作用でバランスして行くこの調和こそ、宇宙における最も霊妙な理かもしれません。

「身・心相即」とは読んで字の如く、人間は心と体が相即している存在であるということです。森先生曰く「我われ人間存在というものは、もともとこの体と心とが相即一如の状態になるように、造物主によって創造《つく》られていると信じられる」（同）のであり、人間「身・心相即の存在」であるが故、上記した「宇宙の大法」である「万物平衡の理」を認識し体得することが出来る、というわけです。

先生は、天から与えられている「知・情・意」を一体として備えた一つの「いのち」を照らし明らかにすることで、宇宙の法則を知ることが出来ると言われています。これを裏返して見ると、「身・心相即の理」というものに自分が納得すれば、それは「全宇宙をつらぬいている絶大無限」（同）な「万物平衡の理」を認識し、体得できるようになるということです。

あるいは逆に納得できないとすれば、それは心と体が調和していない状態（身・心の不平衡の状態）であり「万物平衡の理」を認識・体得できず、結果として苦悩が生ずることになります。こうした考え方は「いのち」を徹底して突き詰めることで大きな宇宙の真理が分かり、当該真理に沿って生きれば我々は何も苦しむことなく幸せに生きられることを教えています。同時に主体性を獲得し、意義ある人生を送ることが出来るようになるのです。

50代の生き方

（2017年3月28日）

▼天命を知る

森信三先生は「人間も五十をすぎてから、自分の余生の送り方について迷っているようでは、悲惨と言うてもまだ足りません。そこで一生を真に充実して生きる道は、結局今日という一日を、真に充実して生きる外ないでしょう。実際一日が一生の縮図です」（『修身教授録』）と述べておられます。

また孔子は「四十五十にして聞こゆること無くんば、斯《こ》れ亦畏《またおそ》るるに足らざるのみ。（四十歳、五十歳になっても、何一つ評判が立たないような人は、畏れるには足らないよ。それまでに人格を磨き、技能を高めるべく努力することが大切だ）」（子罕第九の二十三）と言っています。

私自身は49歳の時、インターネットを活用した金融事業によって投資家主権あるいは消費者主権を確立し、金融サービスの顧客便益性を高め、社会に貢献することが自らの天命の一つではないかと思えるようになりました。当時もう一つの天命として自得したことは、事業を通じて得た利益を社会に還元すべく、公益財団法人ＳＢＩ子ども希望財団やＳＢＩ大学院大学、社会福祉法人慈徳院を設立し、直接的な社会貢献をすることでした。

孔子ではありませんが、次世代を担う人物の育成こそが最大の社会貢献になると考えたのです。私は、49歳の時に知った（少なくとも知ったと思っている）天命を如何に果たして行くべきかということで、50代においてはその天命を常に強く意識し一心不乱に仕事に打ち込んできました。

50代の生き方というのは、天命を知った人、少なくとも知ったと考える人、全く知らない人、とでは大きく変わってくると思います。あの孔子ですら「五十にして天命を知る」(為政第二の四)のだから50代の自分が知らなくて当然だ、と思っていたらそれは大きな間違いです。真の天命とは違うかもしれないけれども、少なくとも知った気になる程度に達していなければ、結局自分の人生に禍根を残すことになるでしょう。

天命を知ることは、生まれてきた意義を知ることだと言っても過言ではありません。我々は一度しかない人生だからこそ、出来るだけ早くに天から与えられたミッションを知り、その完遂を目指し日々全精力を傾けて頑張って行かねばなりません。

「年五十にして四十九年の非を知る」(淮南子)、「行年六十にして六十化す」(荘子)という言葉もあるように、天命と考えていたことが実際天から与えられた使命ではないかもしれません。しかし、我々は自己の向上を目指す努力を惜しむことなく何歳になろうが常により良きように変身し、そして「日々に新たに」という気持ちを持ち続けて行くことが正しい生き方だと思います。

自分が自分に約束すること

（2017年7月21日）

▼人間力を高めるために

脳神経研究で世界的に著名な医学者で第16代京大総長を務められた、平澤興さん（1900年-1989年）は、「人生で一番大事なことの一つは自分を騙《だま》さんということです。自分が自分に約束したことは、絶対に守る」と言われているようです。

これは端的に自分に嘘を付かないということですが、では概して小学校の時の約束が50年先でも実際に通用すると言えるでしょうか。我々を取り巻くありとあらゆるものは変化して行くと言っても過言ではないでしょう。そうした環境変化に順応するためにも我々もまた自ら変化して行くよう天は我々を創ってくれています。

また、例えば法制度一つを挙げてみても、法的是非は時代と共に次々変わり得るものです。例えば、エドゥアルト・フックスの『風俗の歴史』によると、ある国では戦争で男性が多く死んだため法律を変え、一夫一婦制から一夫多妻制にしたとのことです。

このようにほとんど何もかも全てが変わり行く世界の中で、不変とされるのは唯一「人間性」だと思います。これは人間には人間としての天から与えられた生き方や役割があるということです。

そして王陽明が言うように、これを煎じ詰めれば「（天下の事、万変と雖《いえど》も吾が之に応ずる所以は）喜怒哀楽（の四者を出でず）」になりますし、その煎じ詰めた所で如何なる人間になるのが望ましいかと言えば、この喜怒哀楽のバランスを図って行き、「恒心（常に定まったぶれない正しい心）」を養って行けたら最高でしょう。

ですから「人生で一番大事なことの一つ」は、人物を磨き続けて高めて行くための絶えざる努力だと思います。人間力を高めるために事上磨錬《じじょうまれん》して行くのです。

「年五十にして四十九年の非を知る」（淮南子）、「行年六十にして六十化す」（荘子）という言葉もあるように、「化す」というのも人間としての在るべき姿です。我々人間は人物を高める努力を終生惜しむことなく、何歳になろうが常に変身し、日一日とより良きもの、より良き方向に前進して行くのが、天から課せられた使命だと思います。

人生は自分探しの旅

（2017年8月16日）

▼時に他人から教えてもらう

松下幸之助さんの御著書『道をひらく』三部作の完結編、『思うまま』の中の一篇に「喜んで聞く」というのがあります。松下さん曰く「自分の欠点というものは、自分では気がつきにくいし、また気がついても進んでそれを改めることはなかなかむずかしい。しかし、他人から何べんも指摘され注意されるならば、その欠点に気づくし、それがだんだんと直ってくるのではないだろうか」ということです。

要は自分自身は、分かっているようで中々分からないものであり、自分自身を知ることは古代より人類共通のテーマになるのです。だからソクラテスは「汝自身を知れ」と言い、ゲーテは「人生は自分探しの旅だ」と言っています。あるいは真の自分自身を知ることを、儒教の世界では「自得」と言い、仏教の世界では「見性《けんしょう》」と言います。心の奥深くに潜む本当の自分自身、己を知るのは極めて難しいことなのです。

従って、自分のことは自分では中々知り得ないのですから、時に人から教えて貰わなければなりません。他人の指摘により、はっと気付かされることは意外に多くあるものです。この世の中、自分のことはさて置いて人の粗捜しが上手い人は数多いるわけですが、彼等は上記した意味で貴重な存在だと私は思っています。彼等の言より「なるほど～」と気付いた点につき、己を改めるべきはどんどん改めて行けば良いでしょう。

天は我に、如何なる才や特質を与えて、如何なる使命を果たさせるべく、この世に遣わしたのか?――この質問に答えるために、他人のダイレクトな指摘が役立つのです。ただし、松下さんも言われる通り「もし、欠点を指摘されて腹を立てたり不機嫌になったりするならば、人は陰で言うだけで、本人には直接注意してはくれないようになる」でしょう。

従って、誰かに何かをチクリと刺されても、怒るのでなく素直に聞き入れ自省する、といった姿勢が大事だと思います。そして、その指摘が全くナンセンスなものであったならば「これこれかくかくしかじかだから、これは完全に的外れだなぁ」と内心思って置けば良いのです。そうして自分を良き方向に築いて行けば良いのです。

人を説得する

（2017年8月22日）

▼相手を考慮する

話し方ということでネット検索してみますと、「『話がわかりやすい』人は一体何が違うのか」（『東洋経済オンライン』17年2月21日）といった類の、分かり易さに関する記事も数多く見られます。

本テーマで私見を申し上げれば、分かり易い話し方とは簡単な言葉で自分の言いたい事柄を上手く説明出来ることだと思います。自分が良く分かったことは噛み砕いて人に説明出来るようになりますから、他人が分かりにくいということなら、自分が本当に分かっていないのではないでしょうか。

話し方には順序というものがあります。一般的には起承転結と言いますが、この結を先に持ってきても構わないと思います。そして順を追ってその理由をロジカルに説明出来る状況が、望ましいのではないかと思います。

例えばプレゼンテーションの流れ一つを見ても、この起承転結の流れを作って行ける人が意外と少ないことに私は何時も驚きます。では何故そのように少ないのかと言いますと、人を説得するトレーニングが不十分だからだと思います。

概して、多くの人は自分の言いたいことは考えるものの、どう言ったら他者が納得してくれるかと考えることに疎かです。人に分かって貰おうと思うならば、やはりそのこと自体を真剣に考えなければなりません。

自分が描くビジョンを達成するには、様々な人を説得したり、色々な人に納得して貰う必要性が出てきましょう。従って、その辺りのトレーニングを積んで行くことが非常に重要になるのです。

例えば私は野村證券時代、米国の海外投資家に日本株を売るといった時に、そのポートフォリオマネジャーの興味関心や運用哲学、運用方針等々と、敵を知り敵の興味を引くことを先ず大事にしたものです。

何故なら相手が関心を示さぬ話を幾ら続けてみても、時間の無駄に終わることがほとんどだからです。だから私は第一に、相手のことを調べ上げたのです。そしてその上で今度はそれに合わせて説得すべき事柄、あるいは説得の仕方等々を考えたというわけです。

『孫子』に「彼を知り己を知れば百戦危うからず」とあるように、相手がいる以上やはり相手を考慮せずに何事もやるわけには行きません。これも人に納得して貰ったり、分かって貰うための重要なポイントだと思います。

第3章　人間学を修する

人情深いということ

（２０１６年11月21日）

▼結論を出す前に情理で再考する

先月14日、私は「今日の安岡正篤（７１６）」として次の言葉をツイートしました――利口な人間、才のある人間、意志の強い人間、それはそれぞれ結構であるけれども、本当に正しい人には、それだけではなれない。必須の条件は人情深いということである。情というものは、人間の一番全き姿を反映するものである。

夏目漱石の『草枕』の一節に、「智に働けば角が立つ。情に棹させば流される。意地を通せば窮屈だ」とあります。知で全てを割り切ったなら、もはやコンピューターの世界になりましょう。人間、知情意全体かつ知情意それぞれのバランスを保つことが求められているのです。人間以上に知に秀で記憶力・分析力・判断力の類を有したＡＩ（Artificial Intelligence）が開発されたとして、それが人間に及び得ないのが情の部分だと思います。

王陽明が弟子に与えた手紙の中に、「天下の事、万変と雖《いえど》も吾が之に応ずる所以は喜怒哀楽の四者を出でず」という言葉があります。まさに王陽明が言う通りで、やはり一番大事なのは単なる論理ということでなしに情と合わさった理というもの、情理だと私は考えています。

人間はややもすると情よりも知の方に重きを置きがちですが、そのプロセスとして必要なのは論理で考えて行き、最終結論を下す前に情理で再考するということです。例えば『論語』の「子路第十三の十八」に、「吾が党の直《なお》き者は是《こ》れに異なり。父は子の為に隠し、子は父の為に隠す。直きこと其の中に在り」という一節があります。

これは、「吾が党に直躬《ちょくきゅう》なる者あり。其の父、羊を攘《ぬす》みて、子これを証す（私どもの所には正直な者がいて、父親が羊を盗んだのを自ら告発しました）」という楚の葉県《しょうけん》の長官、葉公《しょうこう》の言を聞いて、孔子が答えたものです。つまり孔子は、「私どもの所の正直というのは、それとは違います。父は子の為に罪を隠し、子は父の為に罪を隠します。本当の正直とは、その心の中にあるものです」と言っているのです。

要するに親の大罪が明らかなケースはともかくとして、そうでなければ人情として最終的に親を庇《かば》う姿勢があるのが当たり前だということです。『孝経』の中にも「孝は徳の本なり」とあるように、道徳の根本である「孝」が否定されてしまいますと、結局全てが道徳として成り立たぬようになるわけです。情というのは、それぐらい大事なことなのです。

徳とは何か〜直き心で行う〜

（2016年11月29日）

▼修養に尽きる

徳（德）という字は、行人偏（彳）と直と心に分解されます。「直《なお》き心で行う」ということで、一つの真実の心と言えましょう。自分が徳というふうに認識しなくても、そういう真心というものを大切に思い、他者をどうやって幸せにするかを第一に考えるということです。

また「徳は得なり」といって人間誰もが、生まれながらにして天から授けられた、人間の側からすると「得」なものとされています。全ての人に天命によって与えられていることの徳性は良心と呼んで良いと思います。人間が不朽の価値を持つためには、この徳性すなわち良心を天の意のままに実践して行かなくてはならないのです。そのために具体的にどうすべきかについて次に触れておきます。

「あの人は立派だ」と言う時に、人は前記した徳性により認識します。認識は出来たとは言え、自分もそのような人物になりたいと思っても、そう簡単には行かないのです。「技術は教えることができるし、習うこともできる。けれども、徳は教えることも習うこともできない」と松下幸之助さんも言われる通り、「徳を高めるコツ」など有り得ません。

いわゆる「ＨＯＷ ＴＯもの」とは対照的に徳を身に付けるとは、最小の努力で最大の効果を得るといった類とは掛け離れています。徳を身に付けるのは修養に尽きるのであってコツなど有り得るはずもなく、自己向上への努力を惜しまず死ぬまで続けねばならないものです。

石田梅岩先生は「徳とは、心で会得し、それを実践すること」だとして「己の欲せざる所、人に施すこと勿《なか》れ」（衛霊公第十五の二十四）と言われています。まさにその通りで、真心で会得したことを知行合一的に事上磨錬し続けて行くことが何よりも大事だと思います。

人を顔に見る？

（2016年12月9日）

▼顔で判断するのは難しい

『企業家倶楽部』（2016年12月号）「顔で損する人、得する人」という、ある大学教授の記事がありました。人間、顔にあらわれる部分というのも勿論あると思います。例えば、エイブラハム・リンカーン（第16代アメリカ合衆国大統領）も「四十を超えたら、自分の顔に責任を持て」という言葉を残しています。

知人がリンカーンの所にやってきて、「この人をあなたの下で働かせてくれないか」と、ある人物の紹介をしました。彼にとってその知人は恩人とも言える人でしたが、結局その依頼を断ったのです。その理由は「彼は顔が悪い」というものでした。

あるいは、あのナポレオン・ボナパルトを失脚させたアーサー・ウェルズリー（初代ウェリントン公爵）もリンカーン同様、やはり顔に一面出て来るその人間の品性、生き方や考え方を見て人を判断していました。その典型が言ってみれば人相学というものに繋がっていて、中国でも長年に亘り人相というものを大事にしてきています。

最も、顔での人物判断には必ず失敗があります。孔子でさえ澹台滅明《たんだいめつめい》という人物が入門して来た時、余りにも容貌が醜かったため「大した男ではなかろう」と思っていたら、実は大人物であったという失敗談が『論語』にもある位です。ちなみに澹台滅明は、同じく孔子の弟子である子游《しゆう》が武城という国の長官となった時、部下として取り立てられ、その公平さを賞賛されています。

また顔だけでなしに、人間、背中にあらわれる部分もありましょう。例えば、『孟子』に「面に見《あらわ》れ、背に盎《あふ》る」とあります。安岡正篤先生がこれについて次の通り、「人間は面よりも背の方が大事だ。徳や力というものは先ず面に現われるが、それが背中、つまり後姿——肩背に盎れるようになってこそ本物といえる。後光がさすというが、前光よりは後光である」（『照心語録』）と言っておられます。

何れにせよ、顔でどうこうと人物を判断するのは、極めて難しいことだと思います。しかし、次の点は心得て置くべきでしょう。『論語』に、「巧言、令色、足恭《すうきょう》なるは、左丘《さきゅう》明《めい》これを恥ず、丘も亦《また》これを恥ず（人に対して御世辞を並べ、上辺の愛嬌を振り撒き、過ぎた恭《うやうや》しさを示すのは恥ずべきことである）」（公冶長第五の二十五）とか、「巧言令色、鮮《すく》なし仁」（陽貨第十七の十七）、「剛毅木訥《ごうきぼくとつ》、仁に近し」（子路第十三の二十七）といった孔子の言がありますが、愛想の良い顔付きには気を付けるべきでしょう。

（2017年1月11日）

言葉短く、人に響く

▼俳句と片言隻句

『企業家倶楽部』（2016年6月号）に、「ルールや制限のあるお蔭で個性が生み出される／文字職人　杉浦誠司」という記事がありました。

国語辞書を見ますと、個性とは「個人または個体・個物に備わった、そのもの特有の性質。個人性。パーソナリティー」と書かれていますが、私は制限やルールとその人の文中に表れる個性とは本来無関係であるように思います。

つまり文で述べるとすれば、長々した文中にその人の「魅力、アイデア、個性が生み出され、発揮される」（同記事）ケースもありましょう。

最も、短い中にツボを押さえ、出来るだけ人に訴えるものを作文しようとしますと、大変な推敲のエネルギーが必要で文章力等を練ることは出来ますが、これは個性というものとは違う話だと思います。

字数制限が無い場合だらだらと書いてしまい、時として本質的なものを抜かしてしまったり、ピンぼけになってしまうことは多々あります。そういう意味では最も凝縮された形が、例えば俳句というものでしょう。

五・七・五という3句17音の枠内で如何にエッセンスだけを抽出し季節感も入れて、その人のその時に得た状況をビビッドなものとして感情移入して行くかが問われるわけで、表現力等を磨くには持って来いと言えましょう。

あるいは、片言隻句《へんげんせっく》という「ほんのちょっとした言葉」がありますが、例えば「光陰矢の如し」と一言聞いただけで、「時間が如何に大切であるか」とか「時間が如何に早く過ぎ去るものか」といったこと全てが、パッと頭の中に浮かんできます。

昔から私は、読んだ本から心に残った部分をノートに書き出すようにしてきました。そうした言葉は長いものでなく大抵は片言隻句ですが、短い言葉だからこそしっかり頭に残ります。そして日々の様々な体験の中で、それらの言葉を頭の中で反芻したり、実際ノートを見返したりして日々の糧としてきました。

その秘蔵ノートから片言隻句の幾つかを紹介したのが、拙著『逆境を生き抜く名経営者、先哲の箴言』（朝日新聞出版）です。孔子の珠玉の言でもそうですが、言葉短く人に響くものであることが非常に大事だと思います。

俳句や片言隻句には最終的には、それを発する人の人世観や死生観までが表れるものであり、個性というよりその人の人物そのものだと思います。

（2017年2月17日）

孝を尽くす

▼五常を磨くべし

「神恩は、親恩を通して初めてその真趣を示顕し来たる。孝とは、我がこの個人的生命の直接的根源に対する自反帰入の自覚というべし」――森信三先生は、こう言われています（『実践人』2016年12月号）。「個人的生命の直接的根源」とは、いわゆる親が我々に生を与えているわけですから、その根源に対する「自反帰入の自覚」が「孝」であるとは先生の言われる通りだと思います。

現代では、封建的色彩を帯びたコンセプトとしてこの孝を意識する人が少なからずいますが、それは間違いだと私は思います。日本の先哲・中江藤樹が大変重視した『孝経』には、「夫れ孝は徳の本なり。教の由って生ずる所なり」とあり、「孝は百行《ひゃっこう》の本（孝行は、すべての善行の基本である）」とも言われています。これは延いては天（神）に対する恩にも繫がっているのです。要するに人とは天（神）が命《めい》を与えこの世に生を受けるわけですが、それは親を介在し子供として生まれてくるのであって、そういう意味で神恩に親恩は繫がっていると言えましょう。

人間は先ず五体満足に生を受けたことに感謝の念を持ち、その後両親の深い慈しみの下、ある程度一人前になるまで育ててくれた両親に対する恩と感謝の気持ちが自然と醸成されて行きます。そして、その気持ちが次第次第に他の人や動植物といった生あるもの全てに及んで行き、今度は、両親や周りの人達に対し孝を尽くすという具体的行動にまで発展して行くのです。

ちなみに、私は入社志望者の面接時に「あなたが尊敬しているのは誰ですか？」と質問をすることがあります。すると「両親」と答える人が非常に多いのですが、これはどうかと思っています。小学生ならばともかく、大人になって「敬」の対象が両親だけというのでは、人間としての成長は限られると思うわけです。両親を尊敬するのは結構なことですが、彼等は敬の対象というよりも孝の対象で在るべきです。従って我々は、常に敬の対象を探し求める努力をして行かねばならないのです。

孔子を始祖とする儒学では、人間力を高めるために「五常《ごじょう》（仁・義・礼・智・信）」をバランス良く磨くべしとして、「修己治人《しゅうこちじん》（己を修めて人を治む）」を実現すべく、この五点それぞれにレベルが高いことを以て徳が高い人物だとされています。

五常とは「仁：他を思いやる心情」、「義：人間の行動に対する筋道」、「礼：集団で生活を行うために、お互いが協調し調和する秩序のこと」、「智：人間がよりよい生活をするために出すべき智慧」、「信：集団生活において常に変わることのない不変の原則」のことであります。『論語』には枚挙に遑《いとま》がない程に、仁や信あるいは義や礼や智の大切さを述べた言葉が収められていますが、それは五常を身に付けることイコール徳を高め君子になるための絶対必要条件だからです。

孝の気持ちを持つことは非常に大事であって、人は幼い時から養い育んで行かねばならない徳目だと思います。孝とは、何も通常言われる親孝行だけを指したコンセプトではありません。広い意味を内包するこの孝を仮に親孝行と呼ぶとするならば、その親に対する孝を広げて行くことが、上記五常と言われる人間力の源泉に繋がって行くのだと思います。

（2017年2月14日）

本当の真情とは

▼アクションに繋がる同情

安岡正篤先生は御著書『日本精神の研究』の中で、「人間の真情《しんじょう》（まごころ）も巫山戯《ふざけ》た心を一掃し去らねば本当にしみ出て来るものではない。（中略）大丈夫が世間の同情や憐《あわれ》みを潔しとせぬのは真情を愛するからである」と述べておられます。フリードリヒ・ニーチェも「同情を奴隷道徳として痛撃した」ようですが、私にはこの同情が悪であるとは感じられず非常に大事な感情だと思っています。

例えば、かつて私は「今日の孟子（19）」として、「惻隠《そくいん》の心は仁《じん》の端《たん》なり。人の不幸をいたむ心は仁という大道の端所《たんしょ》だ。有名な『四端の説』の最初です」とツイートしたことがあります。「惻隠の情」とは、即ち子供が井戸に落ちそうになっていれば、危ないと思わず手を差し延べたり助けに行こうとするという、人として忍びずの気持ち・心であります。

あるいは「経済学の父」とも称されるアダム・スミスは『道徳感情論』で、人間は他人の感情や行為に関心をもち、それに同感する能力をもつという仮説から出発しています。様々な人の色々な気持ちを理解し自分の心に感じ、その気持ちを自分の心にする「共感(sympathy)」こそが、人としての深さに通ずるものでしょう。

ただし「あぁ可愛そうだ。何とかしてあげないといけない」というところで終わっている単なる憐みや同情、つまりはアクションに結び付かない思いであったら何ら意味はないかもしれません。同情を同情として終わりにするでなしに、上記「惻隠の情」の如く反射的にぱっと動くといったアクションに繋がって初めて、本当の「人間の真情」ということになるのでしょう。

現代も見られる「言うだけ番長(言葉ばかりで結果が伴わない人)」に該当するような、「巫山戯た心」で言いっ放しの評論家の類がブラウン管の向こう側で涙を流しながら語る中に、安岡先生は似非《えせ》シンパシーというものを垣間見られたのではないでしょうか。「本当にしみ出て来る」同情や憐みは、そこにアクションを生んで行くのです。

（2017年7月4日）

人格＝性格＋哲学？

▼受け継がれる品格

稲盛和夫さん曰く、「人格というものは『性格＋哲学』という式で表せる（中略）。人間が生まれながらにもっている性格と、その後の人生を歩む過程で学び身につけていく哲学の両方から、人格というものは成り立っている」（『致知』2005年3月号）とのことです。この人格とは、別の言葉で品性や品格と言っても良いと私は思います。

大阪の船場には、「気品三代」という言葉があります。気品をつくるには三代かかるという意味の言葉です。即ち、三代の祖先の修行の積み重ねが当代の品性に影響を及ぼしているということです。

子供からしてみれば、自分の両親あるいはその親である御爺・御婆の躾《しつけ》（外見を美しくすることではなく、心とその心が表れた立ち振る舞いを美しくすること）が自分の品性に大きく絡んでいるのです。

また考えてみると恐ろしいことですが、今を生きている自分の言動が三代後の子孫の振る舞いに影響を及ぼして行くわけです。このように気品というものは、家庭内で脈々と受け継がれて行く要素があるということです。

そういう意味で冒頭稲盛さんが言われているように「生まれながらにもっている」とまでは私は言いませんが、性格というか要するに一種の「育ち」という部分に先天的なものはあろうかと思います。それは金持ちの家に生まれたか否かといった類でなく、家庭教育の中で如何に身を美しくさせられてきたのかに因るものです。

この育ちや「血」は陰に陽に、人生に様々な影響を与えて行きます。言うまでもなく、それらを変えるのは大変難しいわけですが、「学問修養」によっては変えることも可能となり、自分の品性を高めて行けるようになりましょう。

何れにせよ、哲学というか「人生を歩む過程で学び身につけていく」後天的なものというのは、色々な友人達や先輩諸氏との巡り合いの中で切磋琢磨しながら自分自身で切り拓いて行くものですから、「人格＝性格＋哲学」と言えないことはないと思います。

「人間の修養上、最大の難物」と森信三先生も述べておられるように、人間としての品性を高位に保つのは非常に難しく、だからこそ平生の心掛けを大事にすると共に、必死になって学問修養をして行かなければ、人格というものは決して磨かれることはありません。

（2017年6月5日）

精神的に強い人

▼四耐四不の実践

『論語』の「先進第十一の十」に、「顔淵《がんえん》死す。子これを哭《こく》して慟《どう》す。従者の曰く、子慟せり。曰く、慟すること有るか。夫《か》の人の為に慟するに非《あら》ずして、誰が為にかせん」とあります。

これは、「顔淵（顔回）が死んだ時、孔子は悲嘆のあまり慟哭され、連れ添った門人たちが言った。『先生は大変な悲しまれようでした』。孔子は言われた。『私はそんなに悲しんだかね？あのような人間の死を悲しまないで、誰のために悲しむと言うのだ？』」という章句です。

上記より、孔子は精神的に弱い人かと言うと、そうではありません。人間として当然持つべき感情の吐露は、むしろメンタリーに健全な状況だと思います。そしてまた、泣くべき時に泣かないでいることは、メンタリーに強いということも意味しません。

その人が精神的に強いか弱いかの判断は、通常の状況下で本来出来るものではないと思います。それは、想像を絶するような事象が起こった時に、まさに「弁慶少しも騒がず慌てず」ということが出来るか否かに拠りましょう。

当ブログではかつて『論語』や『呻吟語』あるいは『呂氏春秋』といった書物から様々な人物判定の方法を御紹介しましたが、つまりは「恒心（常に定まったぶれない正しい心）」があるかどうかの一点こそが急所であると思います。

この恒心というのは「言うは易く行うは難し」で極めて難しいことですが、その実現を図るに私は取り分け次の三点が重要だと考えています（参考：12年10月12日北尾吉孝日記『知情意をバランスする』）。

第一に、人生におけるあらゆる辛酸を嘗め尽くすとまでは行かなくとも、「世の中には自分以上に苦しんでいる人が沢山いる。自分の存在はむしろ有り難い」というふうに思えるよう、とにかく色々な経験を積むことです。

第二に、中国清朝末期の偉大な軍人、政治家で太平天国の乱を鎮圧した曾国藩が言う「四耐四不」、即ち「冷に耐え、苦に耐え、煩に耐え、閑に耐え、激せず、躁《さわ》がず、競わず、随《したが》わず、もって大事を成すべし」という言葉の実践に向けての日々の努力です。

第三に、「学」というものであり、荀子も言うように憂えて心が衰えないようにするため、世の中の複雑微妙な因果の法則を悟って惑わないようにするため、しっかりと人間学を修めねばならないことです。

恒の心というのはこれら合わさって達成されて行くわけで、「精神的に強い人が決してしない10のことを学べば、あなたも自分の精神力を高めることができる」とか、「『精神的に強い成功者にみられる10の習慣』を意識して、つらいできごとにも負けないメンタルを身につける」といった類のネット記事は余りにも浅薄です。

もっと言うと、先ずは四耐四不で艱難辛苦を様々克服して行く中で精神的タフネスを如何に養うか、ということに尽きるのです。いま苦しいのは、「人間成長のためだ」「天が与えたもうた試練だ」と思って、これを頑張り抜くのです。

知的な人とは

（2017年8月1日）

▼意必固我の排除

『知的であるかどうかは、五つの態度でわかる』（15年9月8日）と題された、ある人のブログ記事では次の五つ、「異なる意見に対する態度」、「自分の知らないことに対する態度」、「人に物を教えるときの態度」、「知識に関する態度」、「人を批判するときの態度」が、知的か否かの判断基準として紹介されています。

国語辞書を見ますと、知的とは「知識・知性の豊かなさま。また、知性の感じられるさま」と書かれており、また知性とは「物事を知り、考え、判断する能力。人間の、知的作用を営む能力」と書かれています。

「どのような人物が知的なのか」について私見を述べますと、「多様性を受け入れられない人」、「柔軟な思考力を持っていない人」、「凝り固まって自分の殻から出られない人」は、少なくとも知的ではないと思います。

『論語』の「子罕《しかん》第九の四」に孔子の言、「意《い》なく、必《ひつ》なく、固《こ》なく、我《が》なし」があります。これは、「私意がない、無理を通すことがない、物事に固執することがない、我を通すことがない」ということです。

「中庸の徳たるや、其れ至れるかな」（雍也第六の二十九）と言うぐらい、孔子は中庸を最高至上の徳とし、バランスを保って行くこと、バランスの取れた人間になることを大変重要なものとしていました。この中庸の徳を養うべく、孔子が実践したのが上記の「四《し》を絶つ」ということで、それにより自分自身を鍛錬したわけです。

こうして自らを律し「意必固我」を排除する中で、孔子は非常にバランスの取れた人間となりました。従ってそういう意味では「意必固我」を取り除いた時に、ある種の教養人というか知的な人というのは出来上がってくるのではないかと思います。

第４章　政治と政治家を考える

2016年 ポピュリズムの台頭

（2016年12月27日）

▼大衆迎合主義は間違いか

本年を象徴するような四字熟語を一つだけ選ぶとしたら、それは「大衆迎合」ということではないかと思います。大衆を支持基盤とする政治運動を一般に「ポピュリズム」というわけですが、この傾向が非常に強まった年であり、取り分けトランプ政権誕生に至る例は、その最たるものと言えましょう。

基本的に、こういう動きというのは政治家が通常とるものですから当たり前と言えば当たり前ですが、一面、これは既存のエリート主義あるいは既存の体制・知識層といった類との対決にもなろうかと思います。

民主主義の最大の欠陥は衆愚政治に陥る可能性であるとは、昔から指摘されていることです。究極的には独裁主義で独裁者が最善の人間であれば世の中が最も上手く機能するとは思いますが、社会システムとしてそれは不可能ですから次善のシステムとして先進国では民主主義がほぼ定着しています。

ポピュリズムのリスクを危ぶむ向きには、正しい側面も確かにあるでしょう。しかし今日までの世界人類の経験を見るに、大衆迎合主義が結果として間違いであったとは必ずしも言えないような気がしています。例えば「ラテンアメリカではエリート支配から人民を解放する原動力となり、ヨーロッパでは既成政党に改革を促す効果も指摘され」ています（『ポピュリズムとは何か』水島治郎・著）。

大衆というのは、未来をどのように持って行くべきかといった方向性を与えることは出来ません。しかし私が考えるに、彼らは問題の原因を感覚的に捉え、その思いから何となくその時代に正しい方向性を与えることは出来るのではないかと思います。一般大衆のくだす一見軽薄だと思える最終判断は、ある面では正しい選択をしているというふうに感じられなくもないわけです。

今、米大統領選を境に米国の株式市場も「トランプ効果」と言われる位に好調に推移して、NYダウは史上初の2万ドルの大台突破を目前にしています。現時点でトランプ氏によるポピュリズムの帰趨につき言及するのは時期尚早かもしれませんが、少なくとも良き方向への一つのチェンジ、変革の希望を創り出すことになっているのではないかと私は考えています。

そして来る２０１７年、オランダ下院選（3月）やフランス大統領選（4〜5月）、秋のドイツ連邦議会選の中でこのポピュリズムが伝播して行くといった場合、ＥＵ（欧州連合）が最終的に解体されて行くことも有り得るのではないかと思っています。

仮に、ＥＵの前身である欧州経済共同体の創設をうたったローマ条約の調印から60年を迎える来年がその終わりの始まりであるとして、欧州諸国に限って述べれば短期的には政治経済に相当なターモイルが生じることになるでしょう。しかし中長期的にどうかと考えますと、長きに亘る歴史の中で各々が一つの国家として成り立っていたものが元に戻るだけではないかとも言えましょう。

振り返ってみるに、99年の通貨統合によりユーロ経済圏が創造されたわけですが、あのパリバショック（07年）・リーマンショック（08年）を契機に経済統合を成し遂げる困難が露呈して、今日に至るまで小康状態を得たかと思えばまた問題化し深刻化して行く、といったことを幾度となく繰り返してきました。

ユーロという枠組みは、統一通貨を使い金融・為替政策は一元化されていながら、メンバー各国間において経済成長率も潜在成長率も大きく異なり、財政状況についてもそれぞれの加盟国で違っているにも拘わらず財政主権はメンバー国にそれぞれある、という根本的矛盾を内包しています。

即ち、当該域内国間に大変な経済格差がある中で、各国が主体的に経済政策を運営し各国の選挙民により各国で政治家が選出されている以上、欧州統合通貨が永続的に安定し続けて経済統合をやり遂げて行くのは難しいということでしょう。

最も、歴史的・文化的・経済的背景がそれぞれ違った国々が経済統合出来るかはキークエッションとして勿論ありますが、そもそも中途半端な通貨統合は本質的欠陥があるが故、そのコンセプトが崩壊に向かうのは自然な流れとも言えるのかもしれません。

何れにせよ、上述してきたこのポピュリズムというテーマについて、私自身今後とも色々な形で各国の歴史あるいは世界の現状等と照らし合わせ、今一度考察を加えたいというふうに考えているところです。

「トランプ時代」の始まりに際して

（2017年2月8日）

▼わが国の大義と筋を通す

昨年11月ドナルド・トランプ氏が彼の大統領選で勝利を収めて直後、ユーラシア・グループのプレジデントで国際政治学者のイアン・ブレマー氏は、『日本経済新聞』のインタビュー記事冒頭で次の通り言われていました。「彼の当選は米国の指導力や自由・市場主義といった価値観を考えるうえで、旧ソ連崩壊時に匹敵する重要な出来事だ（中略）。今回の大統領選挙はパックス・アメリカーナ（米国主導の平和）に終止符を打つものだ。」

今「世界は本当に指導的な国が存在しない『Gゼロ』時代に入った」として、この混沌極まる「トランプ時代」に各国リーダーは如何に処すべきかを考えてみると、やはりトランプ氏の皮相的・短期的な言動に振り回されることなく、物事の本質を見抜き中長期的観点を忘れないことが必要かと思います。

かつて経済学者のロバート・トリフィン氏が指摘したように、世界全体にばら撒くドルの量というのは過大でも過少でもこの世界に危機的状況を齎《もたら》すことになります。ドル基軸通貨体制とは米国の経常収支赤字により世界全体の貿易量拡大に見合うような形でのドル供給がなされる仕組みですから、基軸通貨国たる米国がある意味、当該収支赤字の状況は当然とも言えなくないでしょう。

更に言うと、総合収支とはA国とB国だけを取り出して議論する類の問題ではなく、全体として国際収支のバランスが如何なるものかといった話であり、そしてまた、変動相場制である以上そのバランスは最終的には為替によって調整されているわけです。勿論、片一方では世界経済に対して不安定性を与えている現在のドル基軸通貨体制の脆弱性等につき、国際通貨制度改革の在り方を今後も世界は議論して行くことにはなるでしょう。

上記「グローバルインバランス」もその一例として、トランプ氏は全く経済が分かっていない人に見受けられます。経済人のディールというのは、どちらかと言うと損得勘定に基づくもので最終的にはＷｉｎ-Ｗｉｎで纏まることが多いです。しかし国と国との関係というのは、その何も彼もがディールで決着するようなものではなく、そこを貫いている民主主義や自由貿易といった基本的価値観を共有していなければならないのです。

２０１７年1月20日の就任式で、トランプ氏は前大統領や元大統領あるいは民主・共和両党の議員を前にして、「あまりにも長い間、わが国の首都にいる一握りの人たちが政府の恩恵を享受し、国民にツケが回された。ワシントンは繁栄しても、国民がその富を共有することはなかった」等と言い放ちました。

「自分達の懐だけを肥やし、一般大衆を貧乏にしたのは御前達だ！」と当事者に対して言って退けるのがトランプという人であり、就任後20日弱の彼の施政を個別具体的に挙げるまでもなく、これから後その彼に事実をきちんと説明し続けたところで、それは waste of time であり waste of words かもしれません。彼が説得できるような人であったらば、ある意味大統領職に今回就くことはなかったものと思われます（笑）。

この前提認識の下、安倍政権としてはチェンジした米国を直視して例えば、「米国抜きのＴＰＰ（環太平洋戦略的経済連携協定）を含め、今後グローバル経済体制の中で日本はどう在るべきか」とか、あるいは「我が国を取り巻く安全保障環境の激変等を踏まえ、日米安保体制および日本国憲法に如何なる見直しが必要か」といった類の議論を建設的に重ねて行くべきでしょう。

在日米軍駐留経費の負担の在り方に関しても、先日来日されたジェームズ・マティス国防長官による「他国が見習うべきお手本」発言を以てして終わりを迎えたとは言い切れません。例えば本日も『JBpress』に、「マティス来日でも全然一件落着ではない防衛負担問題。トランプ大統領が問題視しているのは駐留経費だけではない」と題された記事がありましたが、本件は時間の問題でトランプ氏が何らかの無理難題を日本に突き付けてくることも十二分に有り得ましょう。

日本政府にとって今一番大事なのは、何事においても大義を説きぴしっと筋を通すということです。ともかく筋を通さぬところから何も生まれてはこないわけで、米国に少し脅されたからと言って尻尾を振って付いて行くようでは御話になりません。次なる展開は、来たる日米首脳会談の結果次第です。『書経』にも「有備無患《ゆうびむかん》（備え有れば患い無し）」とあるように、政府には様々なオプションを備えつつ常に世界情勢の変化を洞察し、わが国の針路を誤る結果にならぬよう臨機応変に判断を下して頂きたいと思います。

米国大統領選からの教訓と日本での総選挙

（２０１６年11月17日）

▼信なくんば立たず

今、メディアでは1月解散、２月総選挙が有力と見ているようです。これは大手新聞社政治部記者の一コメントですが、私自身、北朝鮮問題が落ち着いていれば年内はなく「1月解散総選挙」の可能性が高いのではと思っています。安倍晋三首相や菅義偉官房長官そして二階俊博幹事長等は皆、「なるべく早くに選挙をやらねば」という思いが若干強くなってきているように言う人も増えました。二階さんはこの間、解散風を煽りに煽った挙句一気にその風を鎮めました。これは野党の選挙準備が整わぬようしておいて、年初にパッと打って出るのではないかとの見方に繋がっています。

安倍さんが今後何をしたいのかと推察するに、一つはトランプ政権誕生によってTPP（環太平洋戦略的経済連携協定）は完全に終わってしまうとしても、日本が主導権を握り日本を中心とした形で、ここまで話し合ってほぼ合意に達したわけですから、米国以外の国々と自由貿易体制をきちっと確立して行くということではないでしょうか。

そして、ＴＰＰの行方如何に拘らず、農業改革を徹底的に推し進めて行くべきだと考えられていると思います。そうすることでまた、東南アジア諸国との関係強化にも繋がって行くわけで、私としても当該改革は必ず完遂せねばならないと考えています。更に安倍さんとしては勿論、第９条を含めて憲法改正も視野に入れるべきだと思われているでしょう。大分これが安倍さんの最大の課題でしょう。また日露の領土問題については、進展次第で平和条約の行方も総選挙のタイミングや結果に大きな影響があるでしょう。

さて、私は来るべき選挙では米国の大統領選挙が選挙戦術上、結構参考になるのではと考えています。米国では、現在クリントン女史の敗因分析が様々なされているようですが、今回ＦＢＩのコミー長官は選挙戦最終盤の10月28日、クリントン氏をめぐる私用メール問題の捜査再開を公表し、今月６日に訴追を求めないと発表しました。その訴追しないという発表にも拘らず、この悪いムードが大統領選挙の日まで持ち越されたというのです。『孟子』に「天の時は地の利に如かず地の利は人の和に如かず」とありますが、本件ではこの天の時すなわちタイミングがクリントン女史には極めて悪く、逆にトランプ氏には極めて好都合に作用したということでしょう。更に地の利という面でもトランプ氏は、民主党の長年の地盤を奪い取ることに成功したということでしょう。

さて、日本でこの米国の大統領選での教訓を与党がどう生かすかということでは、蓮舫女史の二重国籍問題ひいては公選法違反の可能性について、検察が何か米国のケースと似たようなタイミングで爆弾を落とすようなことが出てきたら、民進党を中心とする野党は大きなダメージを受けることになるでしょう。

『論語』には「信なくんば立たず」（顔淵第十二の七）という政治の要諦がありますが、国民が不信感を持つことになったならば、もはやその政治は成り立たなくなるのです。あるいは『偽《ぎ》私《し》放奢《ほうしゃ》（政を致すの術は、先ず、四患を屛《しりぞ》く）』（15年12月11日）でも述べた通り、この「亡国への道」としての「偽：二枚舌、公約違反のたぐい」「私：私心、あるいは私利私欲」「放：放漫、節度のない状態」「奢：贅沢、ムダ使い、あるいは心の驕り」、各字それぞれは「この中の一つが目立っても国は傾く」と昔から言われています。

その第一に挙げられる患《わざわい》とは端的に嘘のことですが、その偽の代表は言うまでもなく民進党の代表、嘘まみれの蓮舫女史でしょう。“Timing is everything.”ですから、民進党にとって蓮舫問題は事が起こる前に党自らが浄化すべきでしょう。さもなくば、前記のようなことが起こる可能性もあるでしょうし、起こらなくても彼女が野党第一党の党首である限り、野党の勝目はないでしょう。

ＡＩＩＢ参加の条件

（２０１７年５月17日）

▼運用を公平公正に

今月７日に閉幕した「第50回アジア開発銀行（ＡＤＢ：Asian Development Bank）年次総会」（横浜開催）でも、中国が主導するアジアインフラ投資銀行（ＡＩＩＢ：Asian Infrastructure Investment Bank）と（日米が主導する）ＡＤＢの関係に注目が集まったようですが、昨今ＡＩＩＢ参加論が安倍政権内で再び浮上していると報じられています。

本件は菅義偉官房長官も昨日言われていた通り、事の是非は要するに運用の問題だと思います。アジアの発展のため、この運用が公平公正である限りにおいては、中国が音頭を取ってやろうが日本や米国が音頭を取ってやろうが、余り大きな違いはないでしょう。

他方、ＡＩＩＢには、中国の習近平国家主席が提唱する『一帯一路』構想を金融面で支援するという、もう一つの顔があるとされています。日本の拠出金が一帯一路の実現といった中国の便益のためだけに使われるのならば、参加すべきではないと思います。

従って、ＡＩＩＢの運営体制における十分な審査機能やチェック機能、取り分け意思決定に際しての透明性・公平性・妥当性の担保は、極めて重要な問題です。その点、1966年の設立より歴史のなかで築いてきた信頼と条件を有するADBとAIIB（2015年12月設立）を比べるに、その実績・評価等の類には言うまでもなく雲泥の差がありましょう。

さもそれぞれの投票権シェアということでは、ADBが「①日本：12・8％、②米国：12・8％、③中国：5・5％、④インド：5・4％、⑤オーストラリア：4・9％」であるのに対し、AIIBは「①中国：28・8％、②インド：8・3％、③ロシア：6・6％、④韓国：3・9％、⑤オーストラリア：3・8％」と中国が突出した支配権を握っています。

そういう意味では、仮に日米がAIIBへの参加を決めるとすれば、最大の資金拠出国は恐らく両国になろうと思いますから、参加条件の一つに中国の投票権シェアをADB並に下げ、日米中で同程度に持って行くことが重要でしょう。

そうした比率の適正化により初めて高水準のガバナンスが実現され公平公正な運用になって行くわけで、それが出来ない場合は日米主導（ADB）・中国主導（AIIB）という中で各々が違いを際立たせ共に存立して行く形を模索すべきでしょう。

そして別途ＡＤＢがＡＩＩＢのプロジェクト毎に、真にアジア・太平洋地域における経済成長及び経済協力を助長し、開発途上加盟国・地域の経済発展に貢献することを目的としたものであるかを選別し、個々別々にＡＤＢの融資基準で応ずる程度を判断して行くということではないでしょうか。

日本の病巣

（２０１７年６月９日）

▼座右の銘は「面従腹背」？

今国会中のテレビや新聞を見ていると、安倍政権は「森友学園問題」に始まり「加計学園問題」に至るまで毎日のように突っ込まれて大変なようですが、両問題に対する追及も何ら核心を突くようなものでなく、野党及び報道各社は「よくもまぁこんな仕様もない突っ込みを何時までも続けているなぁ…」というふうに小生は見ています。そしてこの詰まらぬ劇場に登壇してくる主人公あるいは役者を務めるのは、文部科学省の前事務次官・前川喜平氏を筆頭に実に詰まらぬ面々だと思います。

先日の報道でこの前川という人は座右の銘が何かと聞かれ、「面従腹背（表面では服従するように見せかけて、内心では反抗すること）」と言い放っていました。YouTubeでも「前川の乱：座右の銘は『面従腹背』」が閲覧できますが、こういう下らぬ男が文部科学事務次官として日本教育の根幹部分を司っていたわけで、私は「これなら日本の教育は良くならなかったはずだ」と痛感した次第です。

昨今、いじめとの関連が疑われる生徒の自殺について、教育委員会や教委が設けた第三者機関の調査に遺族が不信を抱き、再調査やメンバー交代などを求めるケースが相次いでいます。例えば茨城県取手市の中3が自殺したこと（15年11月）を巡り同市教委は、16年3月より「いじめの事実は認められない」としてきました。ところが先月末、文科省から指導を受けて直ぐ様に「いじめがあったことは認めざるを得ない」と、その判断を一変させたのです。

また、いじめはなかったという当初の判断で作られた第三者委員会の人選自体にも勿論重大な過ちがあったと言えましょうが、同時にこの明らかないじめをいじめと認められなかった当委員会のメンバーに対して憤りを禁じ得ません。これら取手市教育委員会（教育長・矢作進氏）を中心とした御粗末のオンパレードにつき、「なるほど。面従腹背を座右の銘とする前川氏が文科省の事務次官をやってたら、そりゃあそうなるわなぁ」と妙に納得した位です。

『書経』の「皐陶《こうよう》謨《ぼ》」に「予《よ》汝《なんじ》の弼《たすけ》に違《たが》へば、汝面従して、退きて後言有ること無かれ。つつしめよ四鄰《しりん》」とあります。これは伝説上の五帝、最後の聖王舜《しゅん》が禹《う》（次の王朝、夏の初代）を戒めていった言葉で、「面従後言《めんじゅうこうげん》（面と向かっては、こびへつらって従い、裏に回っては悪口を言うこと）」では駄目だと教え授けています。

このように為政者最大の基本道徳として様々な中国古典で、「面従腹背するような人間に絶対になってはならない」と言われているにも拘らず、それが座右の銘である人が文教行政のトップとして、子供たちに学問の意義や人の道を教える立場だったのですから開いた口が塞がりません。菅義偉官房長官も2週間前「さすがに強い違和感を覚えた」と述べておられた通り、前川前文科次官が女性の貧困問題の調査のために、いわゆる出会い系バーに出入りし、かつ女性に小遣いを渡していたなどは論外ですが、それ以前の問題としてそうした事柄を滔々と述べるような人を教育行政の最高の責任者に据えていたこと自体、政府与党も深く反省すべきだと思います。

先月28日、首相在任期間で戦後歴代三位となった安倍晋三首相を私は非常に高く評価しておりますが、唯一つ問題だと捉えているのは一国の将来の舵取りを担う極めて大事な大臣人事の在り方です（参考：２０１４年10月23日北尾吉孝日記『小渕・松島両氏辞任に思う』）。脳梗塞を三度患い、その後遺症がある金田勝年法務大臣は言うに及ばず、米国からも全くゼロ評価の稲田朋美防衛大臣等と、各所でナンセンスな人選が見受けられます。彼らがため色々な問題が生じたり長引いたり擦った揉んだすることになるのは、総理ご自身の責任であるわけですから今後尚一層気を付けて行かなければならないでしょう。

何れにせよ冒頭挙げた「森友学園問題」も「加計学園問題」も、国会での貴重な審議時間を浪費し続ける程大した話ではありません。しかし野党は両問題につき執拗に問題視し続けて、国会議員として取り上げるべきより大きな問題に対する審議を等閑にしてきたのです。

当ブログで3ヶ月前にも指摘した通り国会という大事な場では、これから憲法・防衛・外交をどうして行くのか、これからの経済・財政・税制をどうするのか等々、日本の将来を左右する沢山の重要事項で以て本来もっと多くの時間を費やさねばならないのです。未だ「二重国籍問題」を抱える野党第一党の民進党代表の蓮舫氏がその全てを告白し禊を済ませぬ限り、その「うさん臭さ」は拭い切れず安倍政権を批判すればする程野党がどれだけ御粗末かを表明しているに過ぎません。

「天下り根絶」に向けて

（2017年2月1日）

▼「補助金」行政にメスを

内閣府再就職等監視委員会が公表した「文部科学省職員及び元職員による再就職等規制違反行為が疑われた事案に関する調査結果」を受け、政府は先月20日に文科省事務次官の交代を閣議決定し、昨日内閣人事局に外部の弁護士を含む約30人態勢の調査チームを設置し、全府省庁対象の天下り実態調査を開始しました。

菅義偉官房長官も言われている通り「今回の事案は、OBが単独で行ったということではなく、文部科学省がOBを利用して再就職のあっせんを行う枠組みを構築していた」わけですが、早稲田大学の不見識も然る事ながら、当該省が組織的に動き一私大に圧力を掛け天下り受け入れ可否を補助金交付の物差しにしていたならば、まさに暴挙と言うべきことです。

本件を巡っては、第1次安倍内閣時に成立した「国家公務員法等の一部を改正する法律」（平成19年法律第１０８号）に基づく現行の国家公務員の再就職規制につき、「ＯＢによる再就職あっせん」等々その不備が今国会でも様々議論されており、その一つに民進党や共産党は上記10年前の改正に伴う天下りの「規制緩和」を問題視しているようです。

即ち、改正前「離職後2年間、離職前5年間に密接な関係のある企業への再就職」を原則禁止していたものが、改正後は斡旋等に行為規制を掛け再就職を「自由」にしてしまったということです。民主党等の野党は当時「2年の再就職規制を5年に強化すべき」とも主張していたようですが、これから後、改正前の規制思想の延長線上に日本が取るべき針路は見出し得ないでしょう。

役所には、有能な方は沢山おられます。人口減少時代を迎えている今、我国の為むしろその人達を上手く活用できる仕組みを整えて行くことが非常に大事だと思います。今回の件で述べるならば、私立大は文科省から私学助成金などさまざまな補助金を受け取っており、文科省とのパイプが補助金確保に有利となる実態こそ、真に問題視されるべきで早急にメスを入れねばなりません。

元役人を教授として再就職させるといった場合、大学側は例えば、教授候補者の論文や書籍の量・質両面で客観的な評価基準を設けるとか、あるいは各教授会におけるそれぞれの専門性に基づく厳格な実質審査を行う等々、一定のルールの下、それを公平公正にクリアした有能な人のみを補助金に紐付かない形で選べるようにすべきです。

そもそもが日本国憲法第22条にあるように「何人も、公共の福祉に反しない限り、職業選択の自由を有する」わけで、その人が十分に優秀であれば退職後どこでどう働こうと基本的にその人次第だと私は考えています。官に対しては現行「現職職員が自らの職務と利害関係を有する一定の営利企業等に対し、求職活動を行うこと」自体を規制してもいますが、民の場合でも辞める前にそのほとんどが職探しを始めており、規制の掛け方にバランスを欠いているように思われます。

先に指摘した通りむしろ第一に是正されるべきは、大学等への補助金が本来当該大学の教育や研究といったものと照らし合わせて公正に行われるような仕組みを作るべきでしょう。例えば、文科省以外の公的な機関と民間双方から出した専門委員（任期2年、再選なし）で補助金の妥当性が評価されるような仕組みを作ったらどうでしょうか。

そこを改め正すことなしに、公務員の職業選択の制限強化に向かうは如何なものかと思います。従って先ずは、例えば教育機関であれば評価を下し税分配を行う際、その判断材料を天下り云々からきちっと切り離してルール化すべきだと考えています。

（2016年9月7日）

民進党はさらに沈むのか？

▼すでに終わった政党

民進党の代表選挙が先週金曜日に告示され、蓮舫代表代行、前原誠司元外務大臣、玉木雄一郎国会対策副委員長の3名が立候補を届け出ました。来週木曜日の臨時党大会で、新代表が選出されます。現況、地に落ちたその党勢を如何に図り行くかといった議論が盛り上がりを見せるではなく、蓮舫さんの日本及び中国台湾省の「二重国籍」疑惑を巡る騒ぎがどんどん大きくなっています。

本件につき私見を申し上げれば、言うまでもなく人種差別的見解を述べるわけではありませんが、台湾人の父親を持つ蓮舫さんですから、当時の法律に基づき「生まれたときから日本人」で有り得るはず無しとは常識的に分かりましょう。「18歳で日本人を選んだ」と言う彼女がその中華民国籍（台湾籍…日本では中国籍）離脱手続きをちゃんとやっていたかは疑わしい限りです。当該疑惑に関してはアゴラでも池田信夫さんや八幡和郎さん等が網羅的に取り上げ指摘し続けています。

私は本日も池田さんのツイート「『生まれたときから日本人』は真っ黒。1997年の『自分の国籍は台湾』という発言は、このどっちとも矛盾する支離滅裂」等々をリツイートしておきましたが、この疑惑に対する蓮舫さんの支離滅裂な弁明を聞いているに「ごめんなさい、それ分かんない」と言いたいのは国民の側ではないかと思います。

一昨日も「民進党・蓮舫議員　テレビ番組で二重国籍を否定も『Twitter』炎上中」といった報道がありましたが、国民がこれだけ関心を持ってこれだけネットで炎上しているにも拘らず、未だ現下の騒ぎを収束させ得る手元にあるはずの「国籍喪失許可証」が世に示されていないのは一体どういうことかと思います。

「蓮舫氏、再び台湾籍放棄」（『日本経済新聞』電子版）や「改めて台湾籍放棄の手続き」『NHK NEWS WEB』といった見出しの記事が、昨夜より見られます。これについては先程、「アホなメディアだなあ。改めて提出というのは前に提出した人が二度目に出すことを言うんじゃないのか」という指摘もあります。

更には、例えば先々月23日、蓮舫さんはその出馬会見で「私は岡田克也代表が大好きです。ただ、1年半一緒にいて、本当に〝つまらない男〟だと思います。人間は〝ユニーク〟が大事です。私にはそれがあると思います（笑）」と「笑顔でアピール」したようですが、こうして聞こえてくる蓮舫さんの種々の発言を受けて思うは、配慮や思慮の類が全く感じられない人ではないかということです。

そもそも日本国籍を得て台湾籍を離脱し日本人であることを選んだならば、野党第一党の党首の選択という日本の将来に大事な選挙で何故「村田蓮舫」という本名を用いないのかと思います。彼女が日本人であるなら尚の事、ファーストネームを呼び捨てにするでなしに、当たり前に苗字を名乗るべきではないでしょうか。彼女がTwitterやInstagramのアカウントで「@renho_sha」つまり「謝蓮舫」という中国名を使っているのも気になるところです。

勿論、上記した手元にあるはずの御墨付が出されたらば、蓮舫さんが何を目指そうが構いません。しかしながら、民進党は碌々《ろくろく》調べずして次の代表候補にしたことは、私に言わせればナンセンス極まりないと思うのです。今回の代表選でハッキリ分かったのは、民進党は既に終わった政党だということです。

昨年1月「民主党再生の一縷の望み」と若干期待していた細野豪志元幹事長についても、今回出馬しないばかりか「蓮舫氏支持に回る」のですから御話になりません。先の都知事選でも当初より明確にいわゆる「民共共闘路線」に疑義を呈し、都議会民進党の出馬要請にも筋を通して候補にもならなかった長島昭久元防衛副大臣の方が、細野さんよりも前途有望だと思うようになりました。

何れにせよ「生まれたときから日本人」である蓮舫さんは、一刻も早く手元にあるはずの証拠を世に示して貰いたいものです。仮にきちっとした物なく二重国籍になっていたならば「国会議員の経歴詐称は公選法違反」ですから、そもそもが法に触れていた蓮舫さんを大臣にまでした菅内閣や野田内閣とは一体何であったか、という話にもなってくるでしょう。

瓦解する民進党

（2016年9月29日）

▼早々に解体すべき

「あれだけ他人（のウソ）を批判してきていながら、自分自身の（大）ウソを指摘されると見苦しい言い逃れをするような人を代表にせざる得ない時点で、（民進党には）より悪い印象を持ちました。」――これは先週リツイートした『日本経済新聞』電子版の記事「民進の印象『刷新しない』86％（クイックVote）」の中で紹介されていた30代男性の一コメントです。

「蓮舫二重国籍問題」に対しては、国民的批判を受けながら民進党の中では結局、「口先だけの女性で余計にイメージが悪くなった」人を野党第一党の次期党首に本当に選んで良いのか、という議論が全くなされませんでした。

本件民進党が如何に駄目な政党かを如実に物語っていると言えましょう。「手続きが終わったら、この問題は終わり」で済むはずがありません。象徴的にはこの蓮舫問題ですが、この代表の決定という最重要な事柄にぴしっと筋を通した結論を下せぬ政党に存在価値はありません。

ともかく筋を通さないところからは、何も生まれてこないのです。蓮舫氏による支離滅裂な弁明の果てに行われた「ヘラヘラしての謝罪会見」を一つ見ていても、やはり民進党は完全に終わった政党で今後何を言っても国民から信は得られぬと再認識した次第です。

先々月末に投開票された都知事後継選びでも鳥越俊太郎という全くナンセンスな候補者を「野党共闘」の名の下に選出し、十分な体制も整備出来ないタイミングでの擁立となって自滅同然の結果を招きました。

結果は言うまでもなく「所属する自民党の支持を得られないまま出馬し、自民党推薦の増田寛也元総務相との『分裂選挙』」(『ダイヤモンド・オンライン』)に挑んだ小池百合子さんが圧勝を収めたのです。投開票日の9日前にも当ブログで述べた通り、私は今回早い段階から小池さんで決まりではないかとの見立てでありました。

それは鳥越俊太郎という民進党の稚拙な選択が余りにも悪過ぎた、という意味で勝つだろうと見ていたわけです。あの時に長島昭久さんを共産党との野合がため推さなかった民進党は、やはり一貫して筋の通らぬダメ政党で真に二大政党制を確立し、その一翼を担うことは不可能でしょう。

この2ヶ月の間「小池都政」の一端をメディアで様々知るに、都民は非常に良い人を選んだのではないかと思います。「豊洲市場の盛り土問題」についても例えば橋下徹さんは、その安全性に関して問題がなければ云々かんぬんと一生懸命ツイートされているようですが、先ずフォーカスすべきはそこではありません。

最も大事な点は、きちっとしたプロセスを踏まずして誰も知らぬまま盛り土がされていなかったという事実を彼女が突き止め大っぴらにし「パンドラの箱」を開けたということです。

私に言わせれば、安全であろうがなかろうが遅れようが遅れまいが、そうした類は枝葉末節です。豊洲問題の本質を昨日の小池さんの所信表明で言うなれば、専門家の意見に基づいた決定事項がきちっと実行されていなかった都の組織全体の体質や決定の方法にこそ問題が見出せると思います。そうした類にメスを入れたという意味で、既に彼女は大変な功績を上げられたと言えましょう。

事程左様に小池さんは自民党を割ったとは言え、当該党には彼女のような人材が数多くいるのです。政治というものは畢竟「人を動かし、世を動かすこと」ですが、人も動かせねば世も動かし得ない人物不在の民進党は、日本の将来のためにも早々解体すべきでしょう。

もっと言うと極め付けは「民主党衰退の張本人」である野田佳彦氏の幹事長就任で、ここまで来ますと私には理解不能です。かつて胡錦濤体制から習近平体制への移行期という極めて大事な状況下、当然起こるべき事態を予測もせずに都知事ごときに振り回され、米国も反対した尖閣諸島国有化などという暴挙にあのタイミングで無神経にも出てしまった、その人こそまさに野田佳彦という政治家なのです。

先日リツイートしておいた産経ニュース記事、「蓮舫氏の二重国籍疑惑を不問に付す民進党は、国家を否定・軽視して大混乱を招いた旧民主党時代と何も変わっていない」では「民主党は、国家解体を志向する政党だった」との指摘も見られました。

「自身の国籍も、国籍の持つ意味も理解しないような人物が、堂々と自衛隊の最高指揮官である首相を目指し、周囲から疑問も異論も出ない」（同記事）民進党は、もはや常識の世界を超えてしまっているというのが偽らざる私の心境です。浅学菲才な私のような者には、とてもじゃないが付いて行けない、という感がします。

総括検証後のアベノミクス

（2016年9月21日）

▼日銀政策の限界か

本日は日本銀行が金融政策決定会合の結果と共に「経済・物価動向や政策効果について総括的な検証」を（正午過ぎに）発表し、それから半日を経て午前3時（22日）FOMC（米連邦公開市場委員会）の結果発表及びイエレンFRB議長の記者会見が予定されています。

FRBは昨年12月のFOMCで9年半ぶりに、短期金利の指標であるFF（フェデラルファンド）金利の新たな誘導目標を年0・25～0・50％に引き上げることを全会一致で決定したわけですが、本年の利上げ第二弾は悉く時々の金融経済環境により見送られてきました。今回も、例えば「金融市場は12月の利上げを有力視しており（中略）先物市場から算出する20～21日の会合での利上げ予測は、わずか15％」（『日本経済新聞』電子版）というデータもありますが、今月やられなければ米大統領選直前の次回11月は避け、12月会合で踏み切るかを見極めて行くことになろうかと思います。

今月2日に注目を集めた8月の米雇用統計発表の後、非農業部門雇用者数が「事前予想の18万人増に対して15・1万人増にとどまった」ことを受けて、「2015年の利上げ直前の3カ月平均が+24・1万人でしたが、今回実質+18・0万人だったなら、これを上回りましたが、今回の結果で3ヵ月平均は+23・2万人となりました。失業率は2015年の利上げ時点が5・0％、今回4・9％……微妙ですね」というツイートもありました。

ただ何れにしろ次の利上げ実施が近付いていることに違いはなく、上記統計もこの数か月を平均して見れば基調としては強いわけで、8月ひと月が若干弱かったからといった判断ではもはやないのではと思われます。いつ追加利上げが決められても不思議ではありませんし、上げ幅を小さくして実施しても良い環境でしょう。先述の通り私は12月の可能性の方が高いのではとは思っていますが、来たる会合で踏み切られたとしても全く可笑しくはないとも思っています。

他方日銀はと言うと、その米国を見ながら決定内容を考えて行くのでしょうが、いわゆる「異次元緩和」導入より3年半、マイナス金利政策導入より半年というタイミングで、今回「総括的な検証」が為される運びです。黒田東彦総裁は「追加緩和の余地は十分ある」と発信し続けていますが、「余地は十分ある」との一貫したメッセージにも拘らず、マーケットには相手にされていないかのような状況が続いています。

我々証券業を傘下に持つ会社にとっては、これまでの金融緩和で確かにある種の恩恵に浴した面もありますが、翻って一国民としては、「中央銀行が年6兆円のETF（上場投資信託）買いって、本当に良い政策なの？」とか「日本のマクロ経済にとって、本当にマイナス金利って効果があるの？」というふうにも思います。

2010年12月より開始された日銀によるETF買入は、前回7月の金融政策決定会合で従前の年3・3兆円から年6兆円への増額決定が為されました。『野村週報』16年9月5日号の記事に拠れば、日銀は「買入対象ETFの約72％を保有していると推定され（中略）現在のペースで買入を続けた場合、17年末に約80％、18年末に約90％に達すると推定され」ています。また「日銀のETF買入額から各企業の株式保有割合を推定すると、5％を超えている企業は16年7月末時点で90社に達する」ということで、こうした姿が本当に望ましいものかと考えるに、そろそろ限界を認める段階を迎えているのではないかと思います。

あるいはマイナス金利の導入にしても、黒田総裁の期待とは完全に反対の方向に作用してしまいました。為替一つを見ても、対ドルの円相場の月中平均は15年12月121・8円、今年1月も118・2円と円安を維持していましたが、マイナス金利を受けて2月に1ドル＝110円まで円が急騰したのは周知の通りです。そしてその後半年を経過して、現在1ドル＝101円60銭近辺という状況です。

日銀に先立つこと1年8カ月前、ＥＣＢ（欧州中央銀行）はマイナス金利政策を開始したわけですが、日本のみならず欧州の経験も踏まえて、時間の経過と共に色々と明らかになりつつあるように思います。その一つは当初よりある意味予想されていたことですが、一国の経済を良くしようとした場合たとえマイナス金利を導入しようとも、全体需要を喚起するのは極めて難しいということです。

▼第二の金融ビッグバンを

当ブログでも幾度となく指摘しているように、この人間社会には種種雑多な人間がいて様々な矛盾を内包する難解極める複雑系であり、そもそも経済というのはその中でも最も複雑なものでしょう。さも今や世界中の経済が相互に絡み合い密接不可分な状況下、世界全体での政治経済の現状あるいは将来に対する総合的な想定をベースに各国経済も動いているわけで、もはや単純に割り切って一国独自の金融経済政策で方向付けることは出来ないものだということです。

「国債の大量購入は来年にも継続できなくなる」とか「結局は物価も賃金も思うような結果を得られないだろう」とか「地域金融機関はじめ金融機関各所に余りに大きなネガティブインパクトを与えている」とかと、これまでの緩和手法の限界が色々な観点より意識される中「第一の矢（金融政策）」に著しく依存してきたアベノミクスの効果に対する懐疑が益々高まってくるかもしれません。

先週金曜日、麻生太郎財務相が「今は金はあるが需要がないのははっきりしている」と言及された上で「需要を喚起するために財政政策もやらなければならない」と言われたと報じられていましたが、これは至極当然の言でありましょう。しかし先月2日に閣議決定された「未来への投資を実現する経済対策」を見ますと、「事業規模は28・1兆円程度で、国・地方の歳出である真水部分は7・5兆円程度（中略）うち5・8兆円（国・地方計）は2016年度の2次補正予算で、残りは17年度以降で手当てされ」るということで、「第二の矢（財政政策）」によっては現況やらないよりはマシと考えられる程度の即効性しか期待できません。

そうなりますと残された道は「第三の矢（成長戦略）」を徹底的に推進して「生産性革

命」を起こし、潜在成長率を押し上げる政策執行に強いコミットメントを示して行くしかありません。「ドリルで穴をあけるように規制の岩盤を崩す」という安倍晋三首相の宣言とは裏腹に12年末の政権発足以来、省庁や業界団体等が揃って強い抵抗を見せる中、期待されたようには規制緩和は進んでいないと言っても過言ではありません。

その点、米国に遅れること20年、英国に遅れること10年ではありましたが思いきって株式売買手数料の自由化に踏み切る等、橋本龍太郎首相により96年11月より成し遂げられた金融制度改革「日本版ビッグバン」は高く評価されるべきでしょう。あの金融ビッグバンによって大変な効果が種々生まれたと思いますし、わが国にオンライン証券業というものが新たに誕生し、オンラインの会社が様々な金融分野で創設され、インターネットの世界が着実に発展して行くことが出来たわけです。

遅きに失する感は否めませんが、漸く「株の信用取引、夜間も17年にも証取外で解禁」（『日本経済新聞』電子版）となるは大いに結構なことです。当該問題は4年以上も前から当ブログで指摘し続けてきたものであり、その改革スピードの遅々たるや当局は大いに反省すべきです。ここへきてインターネットの登場と同じ位大きく、新しい技術的な進化が次々と開花してきています。ブロックチェーンやＡＩあるいはビッグデータやＩｏＴ等が、その代表例として挙げられましょう。

今後こうしたテクノロジーが金融業界でどんどん利用されるように、新しいタイプの金融機関やフィンテック・カンパニーが次々登場してくるようにして行かねばなりません。次から次へとフィンテック・ベンチャーが出てきたところで、既存の金融機関がそれを使わなかったならば、小さく終わってしまうだけです。ですからこれを金融機関に使わせるべく今まさに、第二の金融ビッグバンと言われる位の大幅な規制緩和が必要なのです。

黒田日銀の「金融政策限界論」の是非はともかくとして日本はこの第二の金融ビッグバンを筆頭に、あらゆる業界でビッグバンを起こし自由競争をとことん促して行かねばなりません。農業分野を例に述べれば、来週月曜日召集の臨時国会での批准を目指すTPP（環太平洋戦略的経済連携協定）につき、米国議会では与野党ともに反対論は根強く、承認の目途は立っておらず、昨日行われた安倍首相と次期米大統領候補ヒラリー・クリントン前国務長官の会談でも「TPPでは意見が分かれる」との報道でした。

TPP発効は全参加国の批准から60日後が原則ですが、署名から2年経てば「域内GDPの85%以上を占める6カ国以上」の批准の60日後に発効するもので、日米のGDPそれぞれは17・7%・60・4%ですから「いずれの場合も日米の批准が不可欠」になります。

本件ＴＰＰ発効となろうがなるまいが、どちらに転んでも日本は農業革命を徹底して遂行すべきです。

現況は日本国憲法をはじめ「農地法」（法令番号：昭和二十七年七月十五日法律第二百二十九号）や「漁業法」（法令番号：昭和二十四年十二月十五日法律第二百六十七号）等々と、戦後数年以内に作られたような時代錯誤で生産性上昇の障害となっている法律が未だ多分野で適用され続けているのです。この農地法こそまさに日本農業の近代化を遅らせた戦犯であって、これを早急に廃止し農業分野の生産性を飛躍させるよう環境整備が求められます。

こうして各業界に対する苦言を呈し始めたらば、キリがありません。何れにしても今「総括検証」通過というタイミングで私が特に強く思うのは、潜在成長率の上昇を齎すべく現在の法体系を抜本的に見直して、不要極まりない規制の遺物を全て一掃して行く必要性があるのではないかということです。

ポスト安倍は安倍

（2017年3月9日）

▼野党は党利党略のみ

『日本経済新聞』に先月25日、「『安倍1強』の50カ月　短命内閣と何が違うのか」という記事がありました。筆者の編集委員・坂本英二さん曰く、「5年目に入っても堅調を通り越して好調な支持率」を維持する「一つの要因は、安倍晋三首相の迷いのない政権運営にあるように思える」とのことでした。

本テーマで私見を申し上げれば現況、菅義偉官房長官及び二階俊博幹事長がぴしっと安倍政権を支えられていることは勿論ですが、何ゆえ未だ「支持率が6割もあるのか」と言えば、やはり最大の理由は鳩山・菅・野田と続いた民主党政権3年3カ月との比較感が故だと思います。

安倍政権が誕生した当時は欧米含め先進各国で「アベノミクス」的政策が常識的だったにも拘らず、日本だけが野田政権下はじめ歴代内閣が時代遅れの日銀総裁の下、間違った政策を継続してきたため、安倍政権下で日銀が「異次元の金融緩和」に踏み切り、その後

4年に亘り着実に実績を示されてきたことに尽きましょう。これまさに「ポスト安倍は安倍。安倍さんに代わるリーダーは見当たらない」（古賀誠元自民党幹事長）と言われる所以ではないでしょうか。

基本的に強い・弱いとは相対的なものですから、片一方が全く御話にならねば片一方が際立って強くなるのは当たり前です。民進党を中心とする野党は政道・政略の相違を無視して共産党とまで組むような党利党略だけなので、時間の問題でかつての社会党のように自滅に繋がる烏合の衆に過ぎません。

野党は今、いわゆる「森友学園問題」につき執拗に問題視し国会での貴重な審議時間を浪費し続けているわけですが、彼らは国家国民のため如何なる使命を果たしているとの認識でしょうか。当問題を巡り何も調べるなとは言いませんし違法行為を見逃せとも言いませんが、国会議員として取り上げるべきより大きな問題に対する審議が余りに等閑です。

これから憲法・防衛・外交をどうして行くのか、これからの経済・財政・税制をどうするのか等々、日本の将来を左右する沢山の重要事項で以て、もっと多くの時間を国会という大事な場で費やして貰いたいのです。国政政党たる本来的課題に向き合わぬ野党は国民に建設的な政策を示せず、与党の揚げ足取りばかりに終始してぐたぐたと騒いでいるだけですから、何時まで経っても彼らは国民の信を得られないのだと思います。

長島昭久「独立宣言」に思う

（2017年4月10日）

▼有能な人は続くべき

YouTubeでも「民進党・長島昭久衆院議員が離党の意向で記者会見（2017年4月10日）」が閲覧できますが、長島さんは本日「真の保守」を目指されて遂に「独立宣言」されました。

私は以前より長島さんに御会いする度、離党を勧めてきたのですが、今回いよいよ現実化したということで非常に良かったと思います。彼の論考は常に極めて傾聴に値するものであり、民進党に置いておくには勿体ない議員の一人だと思います。

そういう意味では、前原誠司さんや細野豪志さん、笠浩史さんも早々に党を割られたらと思っています。あるいは玄葉光一郎さんや原口一博さん、馬淵澄夫さんといった方々についても同じです。

彼ら皆で力を合わせて一刻も早く新党を立ち上げるか、もしくは自民党の下村博文さんが折角「長島昭久氏ウエルカム」と入党を促しているわけで、長島さんは自民党に合流するのも一つ良い選択肢ではないかと思います。

政治家というのは、やはり政権をとって初めてその能力や手腕が真に発揮できるのであって、負け犬の遠吠えの如き類を地盤沈下の政党でやり続けていても仕方がないでしょう。あの「二重国籍問題」を抱える蓮舫氏のような品性下劣な人間を党首と仰ぎ、そしてまたそれを「民主党衰退の張本人」の野田佳彦氏がサポートする政党などに長居は無用でしょう。

共産党と手を組むとは、常識外れも良いところです。民進党は終始一貫筋の通らぬダメ政党で、政権政党たり得ないとの共通認識が今後更に醸成されて行くでしょう。上記の通り民進党の中に居られる有能な人達は、長島さんに続くべきだと思います。

第5章　折々に惟うこと

オールジャパンで国を開く

（2017年1月17日）

▼2020年に訪日観光客4000万人へ

訪日外国人観光客数が「年に一〇〇万人足らず」だった40年程前、松下幸之助さんは「日本にある無限の資源とは」と題した記事の中で、21世紀には「日本に年に一〇〇〇万人の観光客に来てもらうことは、私はやり方次第で可能だと思います。（中略）二十一世紀の日本はそのようないわば〝観光立国〟をしていくのだという国家的な目標をはっきりもつことですね」と述べておられたようです。

しかしながら松下さんの思い虚しく、その後も訪日客数は伸び悩み21世紀に入り10年を経ても尚、中々1000万人には届かぬ状況が続いてきました。そうした中、5年9カ月前に上梓した拙著『日本人の底力』（PHP研究所）で私は、観光産業振興施策として政府は、①観光ビザの取得を容易にする、②出入国者数の大幅増加に備え入管や税関の体制整備をする、③様々な言語の通訳を養成する、④一定のグローバル・スタンダードに準拠した公的な宿泊施設を整備する、等々を早々やるべきだと書きました。

あるいは、地方自治体としても観光客の地方経済に対するインパクトを十分認識し、地方の観光資源の開発（例えばスキー施設）や温泉開発、地域の食材を使った料理の工夫等々、地域住民を挙げて行うべきだと書いたわけですが、この間安倍晋三首相や菅義偉官房長官が当該分野における針路を示し様々な規制を打ち破って行く中で、上記のような各チャネルでの改善努力の継続が見られました。

　結果、一昨年に比して伸び率（前年比47・1％増）は劣るものの、昨年日本を訪れた外国人旅行者数は推計で前年比22％増の２４０３万９０００人だったということで、この5年で見ると一貫して増加基調を辿り為替要因も相俟って、一気に約4倍の規模にまで拡大しました。オリンピックイヤーの「２０２０年に４０００万人」という政府目標の達成に向け、そしてまた、15年7～9月期をピークに頭打ちとなっている訪日外国人旅行消費額の増加に向け、引き続き政府・地方自治体を中心にオールジャパンで知恵を絞って行かねばならないと思う次第です。

　それから最後にもう一つ、これだけ四季に恵まれ折々の旬の食材があり風光明媚な日本を観光立国にして行くのに併せて、やはり国際都市になるべく非常に大事な要素としてわが国に外国人永住者を増やして行くことも積極的に推進して行かねばなりません。日本という国には1000人当たり8人程度しか「永住外国人」がおらず（2015年末時点）、何時まで経っても先進諸国では考えられないほど極めて少ない状況に何ら変化が見られません。

経済成長率の基盤というのは、人口増加率と生産性上昇率です。人口減少時代を迎えている日本は、その意味においても今日より格段にフレキシブルな移民政策を認め行く方向にならざるを得ないと思います。勿論、世界的に今移民というものに大変センシティブですから、これは随分難しい取り組みではありましょう。しかし私は予てより主張し続けている通り、やはりわが国も少なくとも他の先進国並みに選択的に移民政策を図るべきで、長期に亘り日本で生活して貰うことには大きな意義ありと考えています。

祝！稀勢の里

（2017年3月27日）

▼気迫の相撲

昨日私は、横綱稀勢の里が大相撲春場所千秋楽で優勝決定戦を制し、逆転優勝したことで、「怪我を押しての快挙、これぞ日本男子！」と感涙に咽《むせ》び泣きました。

彼の肩のテーピングの状態から、出血が相当酷いことが窺い知れました。そうした中にまさに奇跡とも言い得る勝利を果たしたということで、多くのファンが心からの敬意と祝意を表したのではないかと思います。

此処の所、稀勢の里が綱取りを果たすまでは本当に面白くない相撲が続いていました。それは一つに、モンゴル出身の三横綱が優勝が絡んでいない限り星の数を見たらどっちが勝つかと予言でき、それが的中する状況が続いていました。

この千秋楽、鶴竜・日馬富士の取組でも最初から結果が見えていたような相撲であったわけで、全く気迫が感じられずファンが去るのも無理はなかったのではないかと思います。

ところが、この稀勢の里といい今場所大関昇進への足場をがっちり固めた高安といい、日本勢の相撲には気迫がこもっており、見ている者が興奮しながら固唾を呑んで見守るという状況が再来したように感じられます。

昔ちょうど「若貴ブーム」の時に、これまた武蔵丸との優勝決定戦を見事制し「鬼の形相」を浮かべた貴乃花が思い出されます。あの時も怪我を負った中で貴乃花は不撓不屈の精神で勝ちました。人気が出るのはあのような勝負をやる限り当たり前だと思います。

逆に誰もが勝敗を推測できるような相撲を続けている限り、どんどんと見る人がいなくなるのも当然です。スポーツファンは基本的に正直だと改めて思った次第です。稀勢の里の一日も早い全快を心から祈りたいと思います。

（2017年5月2日）

賞罰というもの

▼公正無私に行うべき

魚釣りで有名な中国周代の政治家、太公望は「賞罰のポイント」として、「誅殺は相手の地位が高い程効果があり、報償は相手の地位が低い程効果がある」、及び「一人の善行を賞して、多くの人に善行を勧める。一人の悪行を誅罰して、多くの悪行を戒める」と言っていたようです。

『韓非子』で「信賞必罰」と昔から言われる一つの教えがありますが、私は賞罰というものを明確にすることが組織統制上、非常に大事だと思っています。また賞罰というのはその時常に、公正《こうせい》無私《むし》（『荀子』）の観点で行われねばなりません。何故なら結局それが妙な徒党の形成に繋がったり、妙な反発を招いたりすることにもなるからです。

確かに「報償は些細な善行でも行う」といった側面もあるでしょうが、一方で「賞は少善を挙げ」ていたらキリがありません。賞罰の対象を明文化する中でその線引きをきちっと行い、公平性が担保されていれば可笑しなことにはならないのです。誰が賞罰を決めるかによって変わってくるような仕方ではなく、「罰は大悪を禁ずる（誅罰は重悪から行う）」にしてもその全てを明文化し、その中で賞罰を厳格に行うことを考えた方が良いと思います。

それから、「一人の悪行を誅罰して、多くの悪行を戒める」とは「一罰百戒」を意味しています。例えば私は人を怒る時、基本的に人前であろうが何であろうが怒る方が良いと考えています。出来たら人前で怒った方が良いのではとさえ思っています。何故その方が良いかと言いますと、怒る内容そのものの明確な理由を他の人にも、分からせる機会となるからです。

「人前でなく、こそこそと怒る方が良い」等と言う人もいますが、余計なことは考えずに先ずはタイムリーに怒るべきをきちっと怒り、その後きれいさっぱり何事もなかったようにするのがベターだと思っています。怒られた人が翌日まで落ち込まぬよう、フォローすることはあっても良いかもしれません。

同様に人を褒める時も基本的には皆の前で、その人に対して持った素晴らしいという気持ちを素直に吐露し、その人の何が実際に素晴らしく感じられ褒めているかを述べたら良いでしょう。そしてまたその時に、どういうことをしたら単に褒められるだけでなく賞の対象になり得るか、といった類も含め明明白白にして行くことが大事だと思います。

大隅良典栄誉教授の快挙を受けて

（2016年10月5日）

▼ノーベル賞に輝く

「ラッシュ続く…日本の受賞25人目」という快挙を受けて、ひょっとしたら今年こそは村上春樹さんのノーベル文学賞受賞も有り得るのではないかと期待しています。毎年当該賞の最有力候補に挙げられ海外でもその小説が結構売れている村上さんですが、例年に比して発表前のメディア等の過熱感は穏やかに感じられます。

こうした類は、世が騒いでいる時は余り取れずに騒がぬようなったら取れるものです。村上さんは神戸高校の先輩で私の兄貴と同窓でもあり、兄弟揃ってのファンということで「大隅博士に続いて、今年こそはノーベル賞を取れないかなぁ」と心密かに思っています。

昨日、日本人の3年連続でのノーベル物理学賞の受賞はなりませんでしたが、本日発表される化学賞については例えば、ある調査会社に拠れば、がん細胞を狙って薬を送り込む「ドラッグ・デリバリー・システム（DDS）」研究を進めた前田浩・崇城大特任教授と松村保広・国立がん研究センター分野長が有力候補とのことです。

御二方の人類社会に対する多大なる貢献は言うまでもなく、業績的には今回受賞されても全く不思議ではないでしょう。結局ノーベル賞を取れるか否かは、運といった要素も大きいのではないかと思います。如何なる結果を迎えるか後は祈るのみであります。

ところで冒頭「日本の受賞25人目」として今年のノーベル医学・生理学賞に輝いた大隅良典・東京工業大学栄誉教授については、4年前「第28回京都賞授賞式」に関するブログの中で御紹介したことがあります。以下、その該当箇所を転記しておきます。この度の快挙を受け日本人として慶賀に堪えません。

自食作用「オートファジー（細胞の中の古いタンパク質を分解してアミノ酸にし、これを基に新しいタンパク質を作る仕組み）」に関して世界的な研究成果を上げられている日本の大隅良典博士であり、私自身が我々のSBIファーマが医薬品として開発中のALAを主体とした化合物とミトコンドリアの活性化についいて勉強をずっと続けていることから博士の多大な貢献についても理解していました（※1）。

即ち、ミトコンドリアの品質管理においても上記オートファジーが上手く働くということが非常に大事であり、これが上手く働きミトコンドリアの新陳代謝が行われることが「臓器が若返る」上で大変重要な要素である、ということを認識していた関係もあって私は大隅博士も存知上げていました（※2）。

（※1）参考：『健康は「内蔵さん」で決まる』（サンマーク出版）
（※2）参考：『臓器は若返る　メタボリックドミノの真実』（朝日新聞出版）

経済産業省の全執務室施錠問題：異常な情報管制の発想か（2017年3月15日）

▼情報管理と知る権利

先月27日、経済産業省がすべての部屋に鍵を掛けて報道機関などの入室を禁止するとともに、職員に対し、原則、取材を受ける際は書記係を立ち会わせて内容を報告させるなどの取材対応を通知したとのことで、大手メディアを中心に「密室化は不信を招く」（朝日新聞社説）とか「異常な情報管制の発想」（毎日新聞社説）とかと一斉に「世耕大臣は考え直せ」（東京新聞社説）と反発しています。

今、米国を例に見ても「大統領選時、オバマが盗聴」（トランプ氏）や「トランプ氏当選のためロシアがサイバー攻撃」（ＣＩＡ）等と世は情報漏洩に纏わるニュースが溢れているわけですが、言うまでもなく漏れてはいけない国家機密は何時の時代も数多あります。まさに企業のインサイダー情報以上に、公表されるべき内容・タイミング等々を様々考慮し非常に注意する必要性がありましょう。

経産省が「企業の生き死にに関わるような情報を扱っているなかで、受付さえ通ればどの部屋にも出入り自由という状況になっていた」（世耕弘成経産相）というのであれば、「一定のルールを敷くのは自然なことじゃないか」（菅義偉官房長官）と私も思います。

２００１年の米同時多発テロに際し当時の田中真紀子外相が国防総省の避難先を記者会見でしゃべってしまったのは論外ですが、「透明性、可視化の時代」（小川一毎日新聞社取締役）と言って何でも彼でも公にするのではなくて、情報管理ということはある程度必要だと思います。

同時に片一方で国民の「表現の自由」（日本国憲法21条1項）から導かれる「知る権利」が侵害されてもいけませんから、経産省を一概にシャットアウトし何も漏れてこない状況にするのも問題だと思います。また現況は、中央省庁1府11省1庁の内、経産省以外に全ての部署を施錠しているところがないというのも事実です。

従って経産省は先ず、①漏れていい情報、②漏れてはいけない情報、③漏らすべき情報（公開するのが当たり前の情報）、といった形で情報区分を明確にすべきでしょう。その上で現行のやり方を改め、新たな方針の下、各種情報を適切に管理して行く体制を再構築すべきだと思います。

（2017年7月13日）

個性なき日本

▼多様性のある社会実現へ

伊藤忠商事株式会社の代表取締役社長・岡藤正広さんは、あるインタビュー記事で「日本のビジネスマンのファッションをどうご覧になりますか」との質問に対し、「例えば、イタリアではみんなおしゃれな服を着ている。靴もね、黒だけではなくて、茶色やコーディネートに合わせておしゃれなものを選んでいる。悪いけど、街を歩く日本のビジネスマンを見ても、着るものに関心を持っているようには思えないんだよね」（『日本経済新聞』電子版）と答えられていたようです。

では、私の意見はと言うと、「日本人だから○○」「外国人だから○○」というようなステレオタイプで割り切れる問題では必ずしもないと思います。最も、日本人の特徴の一つでないかと思われるのは、「周りが○○だから」「あの人も○○だから」といった強い横並び意識であり、一時の流行の類を追い易いという面があるかもしれません。例えば、「クールビズ（COOLBIZ）」だと言われれば、その会議だけ急に皆がネクタイを外し、また締め直して別の会議に出るようなことがあります。

他方、欧米人の特徴として顕著だと思われるのは、一つにＴＰＯ（時：time、所：place、場合：occasion）をきちっと弁えているということです。例えば、私が英国ケンブリッジ大学に留学していた時分、しばしば「ブラックタイ（black tie）」と書かれている学生主催のパーティーの招待カードを手にしたものです。

するとそこにはタキシードを着て行かなければならないわけで、昔から「英国紳士」と言われますが若い時から彼らはＴＰＯを大事にしています。そして他方で、欧米人が普段は何を重視するかと言いますと、洋服に限らず何事にもそうですが、個性というものであります。彼らは流行り廃りに振り回されるのでなく、自分を知り、自分が気に入ったものを身に付けているように思います。

先月6日、脳科学者の茂木健一郎さんのツイートに「今日の夜、東京のある駅の近くを歩いていたら、全く同じようなリクルートスーツをきた学生の集団が数十人、騒ぎながら通り過ぎていた。画一性。没個性。この国は、本当に終わっているんだなあ、と思った。経団連のお墨付き」というのがありました。

唯唯画一的に勉強させる教育システムは言うに及ばず、個性なき日本をつくり出すあらゆる社会経済システムは転換されるべきでしょう。本来人間にはそれぞれ個性があり皆違った顔で生まれてきているように、ものの考え方あるいは感性等々その全てが異なっていて然るべきでしょう。わが国は一人一人の個性を伸ばすような風土を醸成し、全てに多様性のある社会の実現を目指し不断に変革し続けて行かねばなりません。

金融革命とその戦士たち

（2017年3月22日）

▼フィンテック革命のインパクト

株式会社日本経済新聞出版社から『成功企業に学ぶ　実践フィンテック』という本を上梓しました。明日23日より全国書店にて発売が開始されます。

本書を私は、主として学者や金融分野の評論家達が執筆されている入門書とは一線を画するものにしたいという思いから、フィンテック革命を起こそうと日夜奮闘している企業経営者達を中心に置く形にしました。

私は彼らを、この革命を実現しようとしている戦士達と位置付けています。それぞれの戦士（経営者）がどのような夢（ビジョン）を描き、それをどのような戦略と武器（技術）で具現化しようとしているのかをありのまま書いて戴くことにしました。私は編著者ということではありますが、彼らに一切の注文も愚見も申しておりません。

私自身も第1章から第2章までを執筆しましたが、それもＳＢＩグループの経営者として極めて戦略的かつ実践的なものとしました。また、その原稿も他の執筆者に読んで貰っていません。それは私の拙い原稿を読んで、彼らが何らかの影響を受けるといけないと思ったからです。

「まえがき」を除いて全ての章の原稿は完成していたのですが、私は敢えて「まえがき」を書くのを遅らせていました。それは、この革命が如何に我々の身近に迫っているかを示す具体的な証左が発表されるのを一日千秋の思いで待っていたからです。

その証左とは、２０１７年3月2日に正式発表され、翌日には内外の様々のメディアで大きく取り扱われた、あるコンソーシアムでの実証実験の成功です。国内銀行の3分の1以上にあたる47行（２０１７年9月末日現在：61行）が参加している「内外為替一元化コンソーシアム」が小口・高頻度のブロックチェーンの技術を活用した決済プラットフォーム「ＲＣクラウド」の実証実験に成功し、年内にも商用化するということでした。

このプラットフォームは私どもＳＢＩのジョイントベンチャーのパートナーである米国Ripple社の次世代決済基盤をクラウド上で実装したもので、世界初のものです。これにより、ほぼリアルタイムで、従来の10分の1程度の低コストでの送金も可能となります。現在、モバイルデバイス向けの「送金アプリ」を開発中で、まさに「送金革命」が今年中に具現化されるということです。

もう一つの証左は、あるサービスの躍進です。ロボアドバイザーサービスを提供しているウェルスナビ社が私どものSBI証券と提携したサービスは、2017年1月末に開始して僅か20営業日で申込件数が6000口座を突破、顧客からの預かり資産は25億円にもなったのです（2017年9月末現在：24500口座、預かり資産148億円）。

この二つの証左から、金融機関自らが新技術を逸早く取り入れ、顧客の便益を高めないと競争に敗れ生き残りが難しくなるのは必定です。

各金融機関は、今回のフィンテック革命はこれまでのインターネット革命とは比較にならない程のインパクトがあるという認識を持たなければならないと思います。何故なら我々の顧客も、従来の個別金融機関に対するロイヤリティを無視して、極めてセンシティブに自らの便益の向上に反応することは間違いないからです。

早急に変われない金融機関からはどんどん顧客が去って行き、既存の金融秩序は短期間で破壊されて行くことになるでしょう。これは世界中で同時に起きる革命であることも付け加えて置きます。私を含めて本書を執筆した経営者達17名は今後一層、自我作古（我より古を作す）の決意を新たにし、この革命を完遂して行くことが結果として「世のため人のため」になると確信すべきでしょう。

二冊の小冊子

（2017年4月3日）

▼ショートエッセー集

本ブログでは、ここ3カ月以内に読んだ小冊子の中で、私の心に残るショートエッセーが多数載せられていた二冊につき、雑感を記しておきます。

その一冊は、第57代通商産業大臣及び第57代内閣官房長官を務められた、熊谷弘先生の『壮心記』という冊子です。これは、『ニューリーダー』という雑誌に熊谷先生が2年に亘って掲載された記事を「壮心記」として纏《まと》められたものです。

もう一冊は、新日鐵住金株式会社の代表取締役会長、宗岡正二さんが書かれた冊子です。これは、昨年1月初めの日本経済新聞夕刊「こころの玉手箱」と昨年7月から12月までの半年間、同紙夕刊「あすへの話題」に執筆された記事を収録したものです。

新聞や雑誌に出ているものを、その時その時読んでみて「あぁ、良いことが書かれているなぁ」というのは勿論あります。しかしながら、上記のように小冊子として一つの形にし1、2年の間に溜まったものを見るのと、新聞等の掲載物を時折ぱっと見るのとでは全く違うことになります。

何が違うのかと言いますと、こうやって小冊子でも一つのものになりますと、そこに記事を選ぶという選択のプロセスが生じます。そしてその選択したものから、あるいは書かれているものから、その人なりの人物が断片的にではなく、ある面でより体系的に伝わってきます。

また、もっと大掛かりな全集になってきますと、そこにその人の全人格というものが如実に表れてくるわけで、それを全部読み込むことにより、その全人格が分かってくるものです。そういう意味で小冊子が作成されるのは、読む方からしてみれば非常に有り難く大変勉強になることだと思います。

御紹介した二冊の小冊子は市販されていませんから、中々手に入れるのは難しいかもしれません。しかし、こうやって印刷物にして知り合いの方に送って頂けるのは、改めてその人を評価する上で、また尊敬の念を抱く上で、とても良いことだと思った次第です。

修身のすすめ

（2016年12月6日）

▼学問を通じて徳性を磨く

株式会社致知出版社から『修身のすすめ』という本を上梓しました。明後日8日より全国書店にて発売が開始されます。

本書は、私が折に触れ書き溜めていた、世に起こる社会現象や様々な人の主張を聞いたり見たりした時の雑感を一冊の本に纏めたものです。

十年以上の間に夥《おびただ》しい数の雑文が溜まっており、そこからどういった方針で取捨選択するかが本書の価値に非常に関わるわけです。その方針は、昨今のわが国の内憂外患の根本原因が私の従前の持論である戦後の教育にあるとの考察に基づくものとしました。即ち教育が単なる知識や技術の習得に偏し、世渡りの方便と堕してきた結果が、徳性の高い英傑の士の払底《ふってい》に至ったと私には思えるのです。

江戸時代の日本人の高度な精神性や道徳性が、いかに齎されたかと考えるに、朱子学を中心とした中国古典が教育の中心に置かれ、教養の根幹となってきたことに起因すると思われます。

当時は『小学』『中庸』『大学』といった中国古典が各藩の藩校や寺子屋で教科書として使用されていたのです。『小学』は「修己《しゅうこ》修身の学」とされ、能力と人格の両面において基本的なことを学ぶ書とされていました。『大学』は「修己治人《しゅうこちじん》の学」とされ、人の上に立つ者の心得を学ぶ学問とされていました。『中庸』は調和の学であり、創造の学でした。

戦前まではこうした学問を通じて日本人は徳性を磨いてきたのです。ところが戦後は古い封建思想だとされ、こうした中国古典から学ぶ人がほとんどいなくなりました。

私は、人間力を磨く上で、こうした学問は必須であり、こうした教えが一般の人にも分かり易い内容で古典と同じような教育効果を挙げられないかと思案し、先ほどの古典の内容を私なりに消化したものを現代風にアレンジしたのが本書であります。甚だ大胆な試みであることは重々承知ですし、私自身もそのでき栄えに不備不満が残るものではありません。敬《つつし》んで大方のご教示を請うところであります。

年頭所感

（2017年1月4日）


明けましておめでとう御座います。

正月三ヶ日とも全国的に天候に恵まれ良かったですね。

▼丁酉の年

さて、吉例に従い、今年（2017年）の年相を干支で見ましょう。

今年は、丁酉（ていゆう、ひのととり）です。

最初に、古代中国の自然哲学である五行説《ごぎょうせつ》で見ましょう。五行で見ると丁は陰の火の性を持ちます。他方、酉は陰の金の性質を有します。この二つの性質すなわち火性と金性の相互作用は火が金を溶かすことから、相剋《そうこく》と呼ばれるものです。つまり相敵対する関係があります。こうした相剋は上下で矛盾を孕《はら》んでおり、順調ではないことを意味します。

このことを念頭に置いていただき、丁酉それぞれの字義について詳説致しましょう。

先ず「丁」ですが、丁は前年の陽気すなわち活力がまだ続いていることを表わしており、中国古典の『説文』によると「夏時草木の繁茂を示す」とか「万物の丁壮なる意」と説かれています。丁壮は壮年の男子の意で働き盛りの年を指しています。従って丁は勢い、盛んな状態を言います。ただ「丁は亭（停）なり、亭（停）はなお止まるが如きなり」とも記されており、これまでの進歩、成長のテンポが弱まる年とされています。ですから、「丁」は盛んという意味と同時に、やや盛りを過ぎて末期に向かいつつあるということを表わしていると言えます。

さらに、『丁』は「一」と「亅」とから出来ており、「一」は従来勢力を表わし、下部の「亅」は在来の勢力に対抗する新しい動きを示しています。つまり、新旧両勢力の衝突が示唆されているのです。

次に酉の字義について見ましょう。酉は、酒がめ、あるいは酒壺を指し、中に溜まっている麹《こうじ》の発酵を表わす象形文字です。従って、熟する・老いる・成る・飽くといった意があります。中に醸《かも》されている新しい勢力が成熟の極みに達し、爆発寸前となっている様子です。

以上の「丁」「酉」それぞれの字義を統合しますと、丁酉の年には新しい動きや革命が起こりやすい年と言えましょう。これまでの在来勢力の発展がピークに達する一方で、それが弱ければ酉によって醸された新勢力が突き上げ、破壊することもありえます。まさに丁酉は機が熟し、革命を予兆しているのです。

次に丁酉の年にどんな事があったか日本の史実から特徴的なものを拾ってみましょう。

・五四〇年前（一四七七年）、十一年も続いた応仁の乱が終結し、戦国時代の幕開け
・四二〇年前（一五九七年）、秀吉朝鮮再出兵（丁酉倭乱）
・三六〇年前（一六五七年）、明暦の江戸大火（江戸城本丸・二ノ丸焼失）
・二四〇年前（一七七七年）、三原山大噴火
・一八〇年前（一八三七年）、大塩平八郎の乱
・一二〇年前（一八九七年）、足尾銅山に対し鉱毒除防工事命令。足尾銅山に関する第一回鉱毒調査会が組織される
・一二〇年前（一八九七年）、日本で貨幣法が成立し、金本位法が採用される。日本も独立国家としての体面が整った年

六〇年前の一九五七年にも丁酉を象徴するような出来事がたくさんありました。

・日本の南極越冬隊が南極大陸初上陸

・日本初の女性週刊誌「週刊女性」が創刊
・名古屋に日本初の地下街「名駅地下街サンロード」が開業
・ソニーの前身である東京通信工業が世界最小のトランジスタラジオを発売
・第五北川丸沈没事故。死者・行方不明一一三名
・コカ・コーラ、日本での販売開始
・有楽町にそごうが開店
・東京都の人口がロンドンを抜き世界一となる
・一九五四年から続いた神武景気が七月には急速に冷え込み、一転しなべ底不況となった
・諫早豪雨。死者・行方不明九九二名
・三原山噴火
・東海村で「原子の火」がともる
・日本初の国産ロケットの発射に成功
・大阪にダイエー第一号店が開店
・初の五千円紙幣、百円硬貨が発行
・長嶋選手の巨人軍入団決まる

・トヨタがアメリカへの自動車の輸出を開始
・日米共同声明で日米新時代を強調。共同声明中に日米安保委員会の設置が盛り込まれた
・国連安保理事会非常任理事国に当選
・日ソ通商条約調印

海外の丁酉の年（一九五七年）の史実も見てみましょう。

・イギリスが初の水爆実験を行う
・マレーシアがイギリスから独立
・ソ連ウラルで大規模な原子力事故が発生
・ソ連が世界初の人工衛星スプートニク一号の打ち上げに成功
・イギリスでウィンズケール原子炉火災事故が起こる

▼２０１７年の年相

さて、こうして丁酉の年の五行、字義、史実を見てきますと、今年の年相が浮かび上がってきます。

第一に、火と金の相剋関係が2年連続しており、景気も相場も乱高下が続きそうです。前年に起きた英国のブレグジットやトランプの大統領選での勝利といった大波乱はじわじわと世界中に影響を及ぼすと考えられます。

本年ヨーロッパで行われる3月のオランダの議会選挙、4・5月のフランスでの大統領選挙及び6月の国民議会選挙、9月のドイツ連邦議会選挙等々があり、いずれの国でも反EU勢力の躍進が続いており選挙の結果次第ではEU崩壊に繋がりかねません。中国でも5年に一度の中国共産党大会が開かれます。最高指導部のポストを巡る権力争いも激しさを増しています。トランプのアメリカファーストの主張もやがて他の国も引き込み、他国がどうなろうと自国の利益を優先するという形になって行きましょう。米中の貿易・為替面を中心とした経済的緊張が軍事的緊張の高まりに移行しなければと思います。こうした政治的事象に経済が振り回されそうです。まさに「申酉騒ぐ」でしょう。

第二に、60年前の丁酉の年の史実でも明らかなように科学技術が飛躍的に進歩します。原子力や人工衛星のように軍事的用途として研究されてきたものもありますが、多くは結果として平和利用を目指した科学的探究の成果として結実しました。

今年も恐らく多くの科学技術が進化して行きます。経済学の中にコンドラチェフ循環と呼ばれる技術革新を主因とする50～60年周期の好不況の経済循環があります。日本の場合は2010年頃に一サイクルの終わりを迎えたか終わりに近づいたと考えられます。従って現在はこの次のサイクルがスタートしてきています。このサイクルでの主要な技術は、AI（人工知能）、IoT（あらゆるモノがインターネットに繋がれること）、ビッグデータ、ロボティクス、ブロックチェーン等々です。

今年はこうした技術が様々な産業で実用化される最初の年になりましょう。我々の金融界でもフィンテックという言葉が広く使用され、各社が先陣争いをして、その技術の導入に尽力しています。こうした新しい技術の他にもガンの免疫療法やiPS細胞を使った治療なども大きく前進して行きそうです。

第三に、丁は陰の火性ですから、大きな戦争よりも火災やテロによる爆発、噴火・地震が頻発しそうです。また、九星気学では本年は一白水星であり、水害も気になります。

最後に本年の年相を踏まえ、我々SBIグループがどう対処すべきかを述べて置きます。

今年は一つの時代が終わり、次の新しい段階に入るという転換期です。我々はこの岐路で正しい選択をし、更なる進化を遂げなければなりません。その為に第一に、転換期は混乱の時代であり、困難な時代であるが、こういう時程、フィンテック革命の覇者になるというグループの共通した強い意思を堅持し、時代の潮流に乗ることが必要です。

第二に、これからの株・債券・為替・金利の乱高下を勝機と捉え、よりグローバルにそしてスマートに対処し、アービトラージを縦横無尽に駆使し収益化に努めなければなりません。

第三に、新たな事業の取り組みには、本年は慎重でなければなりません。一時の熱狂ではなく常に冷静に新たな動きを観察し、大局的・長期的な視野でグループ内外の英知を結集して戦略を立てて行かなければなりません。

以上宜しく御願い致します。

2017年度入社式訓示

（2017年4月5日）

一昨日SBIグループの入社式で、私は次のような訓示を行いました。以下、本ブログでは私が新入社員に伝えたことを記して置きます。

▼感謝・志・礼

本日より社会人としての第一歩を踏まれるわけですが、最初に今後の心構えについて述べて置きます。貴方達は今日、様々な人の御世話になって就職を迎えられました。これから、経済的に自立するということになるわけです。仏教では「人身受け難し」としてこの世に人の身で生まれてきたことは非常にありがたいことだとしています。しかも、五体満足にこの平和で豊かな日本という国に生まれてきたのですから、どれ程ありがたいことかと思わなければならないと思います。

「ありがたい」という言葉は「有ることが非常に難しい」という意味で、有ること自体難しいことが起こっているが故、ありがたい（有り難い）と表されます。ですから、そういう意味で、改めてこの時点でこの世にこうして生まれたこと自体に感謝をし、来し方貴方達を育み育て、今日まで在らしめた周りの人全てに感謝の念を抱くべきです。そしてこれからも、そういう感謝の気持ちを持って生きて行くことが、これからの貴方達の人生にとって非常に大事だと思います。松下幸之助さんは、「感謝は実力を倍加する打ち出の小槌なり」という至言を残されました。貴方達には先ず第一に、是非強い感謝の念を持って頂きたいと思います。

第二に、志ということです。一つの理想を描き、そこに到達するんだという強い意思を志と言っても良いでしょう。この志というのは、野心とは全く違います。志とは利他的なものであって、必ず世のため人のためということが入っていなければなりません。だからこそ、その志念は共有されて後世に受け継がれて行くのです。

ところが野心というのは利己的なものですから、一代で完結してしまい受け継ぐ者が出てきません。世界一の金持ちを目指すとか何何のドンになりたいとか、の類はその人だけの気持ちに過ぎません。これから貴方達が如何なる理想を掲げ如何にして達成して行くのか、は日々の努力しかありません。初めの内は、どこに自分の高い理想を掲げたら良いのかも分からないかもしれません。自分の志が何かというのは、与えられた仕事に一生懸命取り組んで行く中で自然と分かってくるものなのです。ですから、今後の配属先においては先ず、与えられた仕事を素直にこれ天命として受け入れるべきです。そしてその時常に「この仕事は会社にとって一体どういう意義があるのか」といったことも考えながら、意義あるならば「どうしたら改善・改良が出来るのか」「もっと生産性を上げられるのか」等と意識しつつ仕事をして貰いたいと思います。

それから最後に、礼ということです。学生時代というのは、heterogeneous（異質的）な社会ではありませんでした。即ち、先生や監督等を除けばそのほとんどが自分と同じような境遇・経験を有するほぼ同い年の人達といった、homogeneous（同質的）な社会だったわけです。しかしこれから後、貴方達は会社という一つの組織に入り、これまでとは全く違ったheterogeneousな社会に足を踏み入れて行くことになります。

自分を取り巻く圧倒的多数は年齢的にも階級的にも考え方の面でも大きく違った人達の中で、学生時代には経験していなかったようなある種の上下関係や指揮命令系統の組織下にあって、初めは面食らう部分もあるかもしれません。そうしたheterogeneousな社会に生きて行く上で大事なことが、先に述べた礼であります。

この礼というのは二つ側面を持っていて、一つは礼儀作法で今風に言えばエチケット&マナーのこと、もう一つは社会なり組織の秩序・調和を保って行くということです。朝出社したら「おはようございます」、帰る時には「お先に失礼致します」と挨拶をするといったような、人間として極々当たり前の基本的なことを素直に行える人間にならなければなりません。これから貴方達の先輩達が様々な指導方法で色々と教えてくれると思いますが、彼等に学ぶに当たって大事になるのは「素直さ」「謙虚さ」です。謙虚に素直に先輩諸氏に多くを学び職業人としての自己を確立して行く上で、先輩に対する礼をきちっと弁えるということが大事だと思います。

▼未来を自ら創る（自我作古）

さて、心構えはこの三つにしておいて、貴方達が大きな時代の流れの中で、どういう位置でこの就職という機会を迎えているかに関して御話して置きます。

経済学の中にコンドラチェフ循環と呼ばれる技術革新を主因とする50～60年周期の経済循環が古くから認識されています。多くの人の指摘するところに拠れば２０１０年頃に一サイクルが終わりを迎えたか終わりに近付いたと考えられ、現況は次のサイクルがスタートしてきており新しい波動に入ったと考えられます。いま次々と生まれてきている革新的な技術を取り入れることが出来るか否かが、企業の盛衰を左右すると言っても過言ではありません。過去の波動を様々見ていても、その時乗り遅れた会社は、その時大会社として君臨していても、消えて無くなっています。この技術革新の波の中で特に重要な技術が、ＡＩとブロックチェーンです。この二つの技術はどちらも、単に我々の属する金融の世界で広く使われ色々な影響を齎すだけでなく、大きな社会変革を齎すと言っても過言ではありません。

今から4年前、英国オックスフォード大学准教授のマイケル・A・オズボーン氏は「The Future of Employment」という論文の中で、コンピューター技術によって米国の702業種の内47%が10～20年の間に代替されると予測しました。

また米国同様に日本等の雇用に関する分析をこのオズボーン准教授と野村総研とが共同で行ったところ、我が国においても10～20年後その労働人口の49%がコンピューターに取って代えられる可能性を示しました。もっと衝撃的なのは2045年、いわゆる「シンギュラリティ（技術的特異点）」に達しAIの知能が人間を凌駕するということですが、これは別に想像に難い世界ではありません。チェスや将棋とAIを巡る状況は言うに及ばず、金融の分野でもAIを取り入れた新しいアルゴリズムでの運用が為され色々な企業が導入しすでに多くの投資家がそれを使っていますし、また医療の分野でも「ダヴィンチ」というロボットが開発され前立腺の癌等では人間の外科医よりも少ない出血で的確に病巣を取ることが出来るようです。あるいは膨大な過去の蓄積全てを頭に入れたAIは、どの病気にかかっている可能性があるかについて、人間よりもある意味確かな診断を下せるようになりつつあります。

このシンギュラリティを超えるとなると、今度はＡＩが人間を凌ぐようなロボットを作って人間が社会から締め出される、ということも有り得ないとは言えません。幸か不幸か貴方達は、そういう大きな時代の流れの中で就職をするという状況になっています。

世の中には沢山の未来学者もいて、勇気を持って未来について語る人もいます。しかし未来を予測するのは、極めて難しいことです。我々に出来ることは何かと言うと、未来を自ら創って行くということ、「自我作古（我より古を作す）」ということです。時々刻々変化して行く中に様々な兆しから今後どういうふうに社会が動いて行くかを逸早く掴み、未来の姿に出来るだけ近付けて行くのが一番確かな方法だと思います。

私にとって米国のインターネットの世界の大きな飛躍に比して日本が5年以上遅れていると思われる我がグループの創設時の状況下、インターネットが日本に大きな変革を金融業において齎すと予測したのは比較的簡単なことでした。米国でインターネット企業が雨後の筍のように出てきた１９９６～９８年、私は毎月一回一週間程度ホテルに泊まり込み、朝から晩まで様々な金融関連のベンチャー企業の経営者を自分の部屋に呼んで話を聞き、精査する中でそう確信したのです。金融というのはそもそもが情報産業で、インターネットとの親和性が最も高いはずだとの論理的な推論です。そうした推論に拠る未来予測を踏まえて、私は1999年7月SBIグループを創設したのです。そして米国に遅れること20年、英国に遅れること10年ではありましたが、橋本龍太郎首相により1996年11月より成し遂げられた金融制度改革「日本版ビッグバン」の恩恵にも浴し、我々は日本でインターネットの世界を金融分野で着実に広げてきたというわけです。

▼自己否定・自己変革・自己進化

こうして我がグループは世界に類例を見ないインターネットベースの金融コングロマリットを完成させたのですが、先に申し上げたような新しい技術の波が押し寄せてきている今、それらをこの生態系に取り入れて行かなければ我々は時代に取り残されて行くことになります。そうした認識から私は、日本の金融機関あるいは世界の金融機関の中でも最も早く様々に戦略的な手を打ってきたのです。そして今日我々は、世界中から高評価を受け注目を集めるに至っています。

例えばその一つに、我々SBIグループの米国のパートナーであるRipple社のブロックチェーン・分散台帳技術（DLT：Distributed Ledger Technology）等の新技術を活用し、内国為替と外国為替を一元化し、24時間リアルタイムでの送金インフラ構築を目指している「内外為替一元化コンソーシアム」が挙げられます。これまでは、国内送金は各行の勘定系システムと全銀システム、日銀ネットを連携させた「全国銀行資金決済ネットワーク（全銀ネット）」、海外送金は国際金融取引のメッセージを伝送するネットワークシステム「ＳＷＩＦＴ」ということで、大変な時間やコストが生じる仕組みが維持されてきました。そこでこの送金分野に内外で革命を起こそうと取り組みを進めてきたわけですが、現在このコンソーシアムには国内銀行の３分の１を大きく上回る50行超が参加しています。（２０１７年9月末現在：61行）近い将来、日本にある全金融機関の半分以上が参加するコンソーシアムになるでしょう。

一企業が起こしたムーブメントに、多くの大企業が好むと好まざるとに拘らず入ってくるのは、入らなければ自分達は消えて無くなるかもしれないという、ある種の危機感に根差しています。「内外為替一元化コンソーシアム」には疾うの昔からみずほフィナンシャルグループが参加していますが、先月末遂には三菱東京ＵＦＪ銀行からも Ripple solution の利用金融機関によるコンソーシアム「ＧＰＳＧ：Global Payments Steering Group」への参画の意思表示が為されました。Ripple 社は本件を大々的に彼らの宣伝にも用いて、Ripple 社が発行するＸＲＰという仮想通貨の値段が４倍以上にも膨れ上がってきたのです。

今や彼らは、世界に影響力を持つ集団になったということです。

我がＳＢＩのMission Statement の中に「セルフエボリューションの継続」とあるように、我々は常に現状に満足することなく「自己否定」「自己変革」「自己進化」をし続けて、グローバルで変革を及ぼす企業で在り続けなければなりません。私がＣＥＯの座を去ったとしても、このスピリットは我がグループの最も大事な創業の精神として永続化して行かねばなりません。その精神を伝承して行くのは貴方達、新入社員の大きな役割の一つです。

当社は創業して未だ20年を経ていません。初め当グループの一員となったのは、そのほとんどが大手金融機関で10年位の経験を持った中途入社の人でした。私は当時、我がグループの様々な会社のＣＥＯに執筆もさせ『Ｅ－ファイナンスの挑戦』（東洋経済新報社）と題した本をＰＡＲＴⅠ・ＰＡＲＴⅡという形で世に出しました。その本も大きく貢献して「旧態依然とした大銀行に居ても意味がない！」といった思いを抱いた同志が、次々に我々の所に入ってきて革命的な事業を次々にやってのけ当グループの急成長を支えてきたわけです。

そして今回もまた一つの節目で「金融革命とその戦士たち」というサブタイトルを付して、『成功企業に学ぶ　実践フィンテック』という本を日本経済新聞出版社より先月23日に上梓しました。これまでのところ売れ行きは非常に良いということで、『Ｅ－ファイナンスの挑戦』の時と同じくらいのインパクトがこの本によってまたあるだろうと思います。今度は単に我々の取り組みに多くの若者がジョインするというだけではなく、全く異質の会社が「あの会社と組みたい」「あそことアライアンスを持ちたい」「戦略的な事業提携をあの会社とやりたい」と言ってどんどん現れてくると思います。

我々ＳＢＩグループは、このコンドラチェフの新しい波を主導する技術革新の中で飛躍出来る企業であることは間違いないと思います。今日から貴方達はその一員として日々一生懸命努力し専門知識を身に付けると共に、先程申し上げた三つの心構えを肝に銘じて、正しい倫理的価値観のもと人間的魅力に溢れる人物として、世のため人のためにこのグループを通じて活躍をして貰いたいと思います。

以上、貴方達に対する私の御祝いの言葉とさせて頂きます。どうも有り難う。

〈著者紹介〉

北尾吉孝（きたお・よしたか）

1951年、兵庫県生まれ。74年、慶應義塾大学経済学部卒業。同年、野村證券入社。78年、英国ケンブリッジ大学経済学部卒業。89年、ワッサースタイン・ペレラ・インターナショナル社（ロンドン）常務取締役。91年、野村企業情報取締役。92年、野村證券事業法人三部長。95年、孫正義社長の招聘によりソフトバンクに入社。
現在、SBIホールディングス株式会社代表取締役執行役員社長。また、公益財団法人SBI子ども希望財団の理事、SBI大学院大学の学長、社会福祉法人慈徳院の理事長も務める。
主な著書に『成功企業に学ぶ 実践フィンテック』（日本経済新聞出版社）、『修身のすすめ』『強運をつくる干支の知恵』『ビジネスに活かす「論語」』『森信三に学ぶ人間力』『安岡正篤ノート』『君子を目指せ 小人になるな』『何のために働くのか』（以上、致知出版社）、『実践版 安岡正篤』（プレジデント社）、『出光佐三の日本人にかえれ』（あさ出版）、『仕事の迷いにはすべて「論語」が答えてくれる』『逆境を生き抜く名経営者、先哲の箴言』（以上、朝日新聞出版）、『日本経済に追い風が吹いている』（産経新聞出版）、『北尾吉孝の経営問答！』（廣済堂出版）、『中国古典からもらった「不思議な力」』（三笠書房）、『日本人の底力』『人物をつくる』『不変の経営・成長の経営』（以上、PHP研究所）、『人生の大義（共著）』（講談社）、『起業の教科書（編著）』『進化し続ける経営』『E-ファイナンスの挑戦Ⅰ』『E-ファイナンスの挑戦Ⅱ』『「価値創造」の経営』（以上、東洋経済新報社）、『北尾吉孝の経営道場』（企業家ネットワーク）など多数。

古《こ》教《きょう》心《こころ》を照《て》らす

2017年11月7日　初版第1刷発行

著者　北尾吉孝
発行人　佐藤有美
編集人　安達智晃

ISBN978-4-7667-8615-6

発行所　株式会社　経済界
〒107-0052　東京都港区赤坂1-9-13 三会堂ビル
出版局　出版編集部☎03（6441）3743
出版営業部☎03（6441）3744
振替 00130-8-160266
http://www.keizaikai.co.jp

印刷　㈱光邦